Collection Émile PACULLY

TABLEAUX

Anciens et Modernes

DES

ÉCOLES ALLEMANDE, ESPAGNOLE, FLAMANDE
FRANÇAISE, HOLLANDAISE, ITALIENNE, ETC.

DONT LA VENTE AURA LIEU

GALERIE GEORGES PETIT

8, RUE DE SÈZE, 8

Le Lundi 4 Mai 1903, à 3 heures

COMMISSAIRE-PRISEUR	PEINTRE-EXPERT
Mᵉ LAIR-DUBREUIL	M. HENRI HARO
6, rue de Hanovre, 6	14, rue Visconti et rue Bonaparte, 20

EXPOSITION PARTICULIÈRE

Le Samedi 2 Mai 1903 et le Dimanche 3 Mai 1903

DE DIX HEURES A MIDI ET DE UNE HEURE A SIX HEURES

CONDITIONS DE LA VENTE

Elle sera faite au comptant.

Les acquéreurs paieront *dix pour cent* en sus des prix d'adjudication.

A une époque où il n'était pas question de vente
publique, l'éminent historien d'art, M. Eug. Müntz,
consacra un article, dans *l'Œuvre d'Art*, à la collection Pacully.

Nous avons pensé que ce serait un pieux
hommage à la mémoire du regretté critique, que de
reproduire cette page éloquente en guise de
préface.

C'est dans un même sentiment, et tout en
gardant notre opinion personnelle, que nous avons
conservé le texte des éminents critiques : MM. Lafenestre, Lefort, Leprieur, Max Rooses, etc., qui ont
consacré des études spéciales à la collection
Pacully.

Nous soumettons de même tous les documents
qui ont été réunis et qui pourront éclairer le jugement des amateurs sur l'authenticité des tableaux.

HENRI HARO.

PRÉFACE

C'est en 1895, dans des circonstances presque romanesques, que j'ai fait, à Madrid, la connaissance de M. Pacully. Je me trouvais au musée du Prado, occupé à déchiffrer la date de la merveilleuse petite Sainte Famille à l'agneau de Raphaël (MDVI ou MDVII?), d'un coloris si fin et si savoureux, d'une fraîcheur si éclatante. En même temps que moi, un jeune étranger, de haute taille, s'attaquait à la même énigme. Forcément, la conversation s'engagea. Mon interlocuteur me communiqua son essai de déchiffrement. À mon tour je lui soumis le mien. Il me répliqua en s'en référant à l'autorité d'un certain Müntz, auteur, il l'affirmait du moins, du meilleur ouvrage sur Raphaël. Je partis d'un éclat de rire et lui confessai qu'il avait devant lui le coupable. On juge de sa surprise. Pour achever l'histoire, j'ajouterai que j'avais, en effet, hésité, dans mon volume, entre la date 1506 et la date 1507, mais qu'un examen minutieux du tableau venait de me faire pencher pour la dernière. La glace était rompue, la connaissance faite et je n'eus point à le regretter, puisque je trouvai en M. Pacully un compagnon de voyage aussi infatigable qu'éclairé. Nous visitâmes ensemble Madrid, l'Escurial, Tolède, Salamanque, etc.

Depuis, M. Pacully s'est fixé à Paris, où il a réuni, dans une pittoresque villa du parc de Neuilly, les excellents morceaux de peinture conquis par lui soit en Espagne, soit en Portugal.

C'est, en effet, de ces deux contrées, trop peu explorées encore, quoi que l'on dise, que vient sa très précieuse série de spécimens de l'École hispano-flamande. Apprécier ces ouvrages, ce n'est point mon affaire. Des spécialistes éminents se sont chargés de cette tâche. Mais ce que j'ai plaisir à constater, c'est l'ardeur, la clairvoyance avec lesquelles leur heureux possesseur a procédé à ses investigations. Au cours de ses nombreux voyages dans la péninsule ibérique, il s'est attaché à ne réunir que des morceaux de choix, véritablement caractéristiques pour l'École espagnole, de tout temps si réaliste, et que le contact avec la Flandre ne pouvait que fortifier encore dans ses instincts. Goya, chez lui, coudoie Ribera, Pedro de Cordoba et Bartolomeo Gonzalez.

L'Italie compte dans la collection de bonnes et solides peintures : entre autres le Portrait du Doge Andrea Gritti, *par le* Tintoret.

Puis ce sont des tableaux flamands ou hollandais, dans lesquels la précision n'exclut ni l'émotion, ni l'esprit : telle cette Vierge *si touchante, embrassant le cadavre de son divin fils, ou encore l'*Histoire de Jean d'Autriche, *par David Teniers le Jeune; le* Pillage d'un village, *par Pieter Snayers; des* Scènes du Paradis, *par Jean Breughel de Velours; un* Chien et du gibier, *par Jean Fyt;* Thétis plongeant Achille dans le Styx, *par Rubens; le* Roi de la fève, *de Gérard van Honthorst, etc.*

L'École française n'a pas été oubliée par M. Pacully : elle est représentée par une charmante tête d'étude de Greuze, une Jeune fille au pigeon; *par un* Portrait d'homme, *d'Hyacinthe Rigaud; par un* Naufrage, *de Joseph Vernet.*

Mais j'anticipe sur la tâche de mes collaborateurs : ces quelques notes n'ont d'autre objet que de présenter au public français, to introduce, comme disent les Anglais, l'amateur au coup d'œil sûr, à la main heureuse. La présentation faite, mon rôle est fini et je disparais. Mais avant de prendre congé du lecteur, j'ai à remplir un devoir des plus agréables : c'est de remercier M. Pacully de l'obligeance avec laquelle il a facilité à l'Œuvre d'Art l'étude d'une collection inabordable jusqu'ici et qui demain, j'en ai la certitude, sera classée et célèbre.

EUGÈNE MÜNTZ,
Membre de l'Institut,
Conservateur et Bibliothécaire en chef
à l'École des Beaux-Arts, à Paris.

ÉCOLE FRANÇAISE

L'école française, magistralement représentée dans la collection Paeully, nous offre, entre autres œuvres, une série remarquable de portraits, qu'il serait profondément injuste de laisser passer sans salut.

Ce n'est pas une simple mode qui incline les amateurs à rechercher les beaux portraits du XVIIᵉ et du XVIIIᵉ siècle. Ce n'est pas un goût passager, le caprice d'une heure, qui les attire vers les visages anciens. Il y a autre chose qu'un plaisir fugitif éveillé par des harmonies contingentes : il y a pour les amateurs d'âmes, la passion toujours vivace en face de l'humanité essentielle.

Certes, il est naturel de s'intéresser, autour des figures d'un autre âge, aux objets éphémères qui les encadrent et nous charment souvent, par cela même qu'ils ne sont plus. Mais n'est-ce pas encore une façon plus complexe de rechercher la nature mentale que d'interroger subtilement le décor que cette nature a créé ? Tel ruban, tel chiffon dira bien des choses, et ces choses, dites il y a cent ans, deux cents ans, gardent une jeunesse éternelle, sans cesse renaissante dans les cœurs nouveaux des générations successives. Ainsi s'explique la constante faveur dont jouissent les tableaux de genre, et qui ne peut manquer de se manifester avec éclat, lorsque les quelques toiles que l'on présente ici affronteront les enchères publiques.

En des morceaux d'une très haute signification, l'on verra s'affirmer les préoccupations rationnelles des portraitistes français des XVIIᵉ et XVIIIᵉ siècles. Contrairement aux peintres flamands et hollandais, par exemple, ce n'est plus le réalisme qui domine

chez eux : le besoin de paraître, à une époque
où l'étiquette de la cour est entretenue avec un zèle
outré, oblige l'imagination aux artifices de l'apparat.
la vie ne se conçoit qu'en décor : la grâce ne va pas
sans solennité, et l'idée qu'on se fait de la beauté
répugne à la simplicité : il n'est pas jusqu'au sourire
qui ne soit mesuré, calculé, cherché, voulu : le geste
non plus n'est pas spontané, et s'il est heureux, on
devine cependant de quel apprêt laborieux il est
issu : il ne faut pas oublier que la nature ne se mon-
trait pas sans retouche sur la figure des gens : les
fards, la poudre, les mouches, apportaient à l'harmonie d'un visage des correctifs jugés nécessaires
par la tyrannie de la mode, et la coquetterie avait
créé, à l'usage des personnes de qualité, tout un
protocole. qui ne tendait à rien moins qu'à dépister
les indiscrets encore curieux de la vérité vraie.

Quoi d'étonnant. en ces conditions, que les
peintres n'aient pas cru devoir se soustraire au
goût de leur époque ? Aussi ne se font-ils pas faute
de composer, eux aussi, avec la beauté, d'arranger
la figure de leurs modèles en des concerts de choses
où la soif de luxe trouvait à se désaltérer, de donner
même à leurs portraits la complication des symboles
et le mystère galant de l'allégorie.

Dans les portraits d'hommes, la grâce n'abdique
pas complètement, mais il s'agit surtout de
mettre de l'esprit dans le regard, de la dignité dans
l'attitude. Voyez les Rigaud, les Largillière et autres,
qui sont ici : ce sont des saisissants exemples de ces
vérités élémentaires.

D'autre part, s'il est vrai que les peintres de ces
temps furent parfois un peu trop exclusivement
attentifs à l'apparence immobile et uniforme des
êtres; s'ils prirent, par mégarde, le masque officiel
pour le masque vivant. moulé sur l'âme, parfois
cependant ils montrèrent qu'ils n'étaient pas seulement de prestigieux, exacts. élégants et somptueux
artistes, mais aussi des hommes doués de *sympathie*
donc capables de comprendre, de pénétrer le mystère humain, puisqu'ils étaient capables d'aimer.
Lorsqu'ils s'évadaient de la convention. ils se prou-

vaient de très pénétrants psychologues. Je n'en veux pour illustration que cette puissante toile de Fragonard, le *Philosophe*. Est-ce là ce nautonier scabreux de la rose Cythère? Est-ce là ce conteur spirituel et léger des vaudevilles de l'alcôve ? Que voulez-vous ? Quoi que l'on fasse, il est impossible de ne pas être de son temps. Mais il convient ici de se souvenir que Fragonard fut un fervent de Rubens. Il scruta l'éloquent silence des chefs-d'œuvre du maître des maîtres, et leur arracha quelques précieux conseils. Il ne manqua point de s'en souvenir lorsqu'il se mit lui-même au travail. Ce *Philosophe* est un morceau de premier ordre. L'expression en est intense, les yeux sont humides de lumière, l'enveloppe du riche coloris, harmonieuse et transparente. Le docteur des folles caresses connaissait aussi la pensée. Et si nous cherchons la rêverie tendre, il nous faudra doucement arriver à la perle de cet ensemble, *le Message d'amour*, de Greuze.

Les frères de Goncourt, qui ont donné de l'art au XVIIIe siècle une étude très fouillée et très documentée, et l'ont caractérisé en des termes peut-être un peu sévères, mais dont l'expression est particulièrement judicieuse, ont écrit : « L'impression qu'il donne est trouble, mélangée. C'est que cette peinture de Greuze a plus d'un défaut, elle a un vice : elle récèle une certaine corruption; elle est essentiellement sensuelle, sensuelle par le fond et par la forme, par la composition, le dessin, la touche même. La vertu, qui revient sans cesse sous ces pinceaux, semble toujours sortir des contes de Marmontel...

Le type de l'ingénue de Greuze, qui fit son succès et sa gloire, étudiez-le à fond : il vous semblera que le peintre l'a apporté à un siècle vieux, aux appétits usés du XVIIIe siècle, ainsi qu'on amène aux vieillards l'enfance perverse d'une femme, pour les réveiller. »

Et, de fait, il y a chez les jeunes filles de Greuze une recherche de joliesse qui en trahit tout l'affecté et tout l'artificiel. Greuze a trouvé l'ingénue : il peint la naïveté, mais non pas l'innocence, et il la pare d'une coquetterie plus propre à tenter le serpent qu'elle ne serait rebelle à se laisser tenter par lui. Qu'il s'agisse d'exprimer le repos, le désir, la tristesse, la joie, la surprise, la colère, c'est toujours un même ensemble de coins sensuels qui trompent l'esprit sur la véritable signification de l'œuvre. Est-ce une rêveuse, une voluptueuse, l'envoi d'un baiser, l'attente d'une lettre, l'adieu, la résignation après l'accident de la cruche cassée, ou l'effroi, peut-être après un accident pareil, qu'il veut nous faire connaître, croyez qu'il y aura toujours un ruban bleu ou rose dans les cheveux aux torsades prêtes à se dérouler, une main qui se relève afin de mieux découvrir l ligne souple du bras caressant, une gaze qui permet au corsage de s'ouvrir à l'aise, non sans permettre à l'œil charmé d'admirer un jeune sein, globe de neige signé d'une goutte de sang et dont les frissons savants invitent au trouble passionnel...

Et ce charme un peu maniéré de jeune fille en peine de coquetterie naïve, Greuze s'y plaisait si bien qu'il y est revenu maintes fois, sans grand effort pour en varier la composition ou la recherche d'effet. Il n'a jamais été plus délicieux qu'ici. Autant ses essais de peinture religieuse sont médiocres, autant il excelle à peindre la joie, « ces jolis visages, ces teints rosés, cette chair blanche, douillette et chaude, vivante de sang, baignée de soleil, ces cous effilés, ces épaules rondissantes et caressantes à l'œil comme un couple de colombes... » Ce Greuze-là, vous le trouverez tout entier dans le *Message d'amour*. La tête a la même inclinaison mignarde, le même sourire humide et sensuel, le corsage les mêmes indiscrétions que dans telles de ses œuvres célèbres, et le ravissement qu'on éprouve est pareil. Arrêtons-nous donc à ces visions de grâce, puisqu'il n'en saurait guère exister de plus séduisantes pour les imaginations délicates des amateurs de l'École française.

L. Roger-Milès.

ÉCOLE FRANÇAISE

ARNULPHY (Claude)

1697-1786

1. Portrait du Marquis de Ripert-Monclar, Procureur général au Parlement de Provence (1711-1773).

Il est représenté assis, dans sa bibliothèque, tenant à la main un livre des Ordonnances de 1667. Il est vu presque de face, en chemise à jabot de dentelle, le col amplement ouvert, et en robe d'intérieur rouge grenat, à doublure de soie bleutée. Il a la figure rasée, les cheveux pris dans un bonnet noir. Le teint est animé, l'ovale du visage harmonieux, les yeux grands, au regard vif. Il se tient, le coude appuyé sur une table couverte d'un tapis de velours vert, non sans une certaine coquetterie d'attitude. Derrière lui, un rideau violacé à demi relevé laisse apercevoir des rayons chargés de livres de jurisprudence.

Cadre ancien en bois sculpté.

Toile. Haut., 85 cent.; larg., 66 cent.

Signé vers le milieu, à droite : C. ARNULPHY, PINXIT, 1764.

COURBET (Gustave)

1819-1878

2. La Bacchante.

Au fond du bois, dans sa nudité plantureuse, elle se tord sur une draperie rouge: la coupe d'or, où elle a bu l'ivresse, a roulé de sa main. Elle est là, renversée, les yeux mi-clos, poursuivant un rêve vague de volupté: sa gorge turgescente pointe vers le ciel et, sous la lumière filtrant à travers les branches, son flanc palpite.

Toile. Haut., 65 cent. 1/2; larg., 82 cent.

Collection Alexandre Dumas.

Mlle Juliette Courbet pense que ce tableau de son frère est de l'époque des *Amants dans la campagne*.

Le MAITRE des « DEMI-FIGURES »

(XVIe siècle)

3. La Lettre d'amour.

Dans un intérieur du temps de la Renaissance, une jeune femme est assise devant une table couverte d'un tapis vert. Elle écrit une lettre d'amour commençant par ces mots : « *Mien chier* » (Mon cher). Elle apparaît de trois quarts à droite, dans le costume des femmes que chanta Rabelais et dont se réjouissait Brantôme : une robe de velours lilas foncé, au corsage amplement décolleté, que dépasse une guimpe blanche; des manches de velours rouge avec des poignets de tissu bordé et des débras de batiste blanche.

Autour du cou, sur la chair vivante et grasse, une chaînette supporte un pend-à-col d'or enrichi de perles et de cabochons. Les cheveux blonds ondulés, séparés en bandeaux sur le front, sont en partie cachés par la coiffure de soie blanche et rose et de velours noir, garnie d'une chaînette d'or et de pierreries. Sur la table, un écritoire contenant une intaille et un bâton de cire à cacheter, puis un cachet, puis une pièce d'orfèvrerie. Au fond, sur la planche supérieure d'un placard, on aperçoit deux in-folio à fermoirs d'orfévrerie et un chandelier.

Nous n'avons encore rien dit des mains, ces deux mains qui courent sur le vélin, l'une tenant la plume rapide, aux petites lettres égales, appuyées avec décision, cette main dont les doigts sont attachés dans de la blancheur dodue, cette main qui peut se faire suppliante, mais qu'on devine délicieusement triomphante. L'autre main maniera le grattoir, le grattoir qui chez la femme est l'arme réparatrice des mensonges trop audacieux...

La figure est éclairée par une fenêtre à croisillons qui occupe la partie gauche du tableau.
Cadre ancien.

Panneau. Haut., 57 cent.; larg., 43 cent.

Collection Salamanca

Reproduit dans la *Revue de l'Art*, la *Gazette des Beaux-Arts*, l'ouvrage de M. Hymans (du Musée de Bruxelles): *les Primitifs flamands à l'Exposition de Bruges*: l'ouvrage du Dr W. Martin (du Musée de La Haye); *De Vlaamsche Primitieven op de Tentoonstelling te Brugge* (Amsterdam, Elzevier 1903):

« Een prootype van die genre composities waarin later onze Hollandsche meesters zooveel hebben bereikt. »

M. le Pr Wickhoff a publié, dans les *Annales des collections artistiques de la Maison Impériale de Vienne*, une savante étude sur Jean Clouet et ses élèves, et il a démontré que les cinquante-six tableaux désignés, en général, comme l'œuvre du « maître des demi-figures de femmes », qui parait être Anversois par sa première éducation artistique, se rattachent à la cour de François Ier, par le mobilier (cf. château de Blois, Châteaudun, Chambord) et les costumes en velours, choisis, comme on sait, par ce roi-même pour les dames de la cour, « et qui en ce temps-là ne se portaient à tous les jours, sinon par les femmes de grand maison et auctorité » (43e nouvelle de l'*Heptameron* de la reine de Navarre). Le divertissement de ces dames dans les tableaux en question et précisément celui des dames de la cour, tel qu'il se reflète dans les vers de Clément Marot : les lettres et la musique. Des strophes entières de ce poète se trouvent du reste sur plusieurs tableaux de ce groupe, par exemple sur le tableau du comte de Harrach :

> *Jouyssance vous donneray*
> *Mon amy, et si meneray*
> *A bonne fin vostre espérance.*
> *Etc., etc.*

Guiccardini, se référant à des manuscrits où l'on parle d'artistes flamands appelés à la cour de François Ier, n'hésite pas à dire que le peintre ayant peint la société de la cour de François Ier fut Josse de Cleve, d'Anvers; mais Wurzbach et Karl Justi ont prouvé que Guiccardini a confondu Josse de Cleve (qui n'a quitté Anvers que pour un temps très court) avec Jean Clovet (Clouet), « estrangier et non natif né originaire de nostre royaume », qui vécut de 1516 à 1540, à la cour de François Ier. (Cf H. Bouchot, *les Clouet*, Paris 1892.) Selon le Pr Wichoff, « il y a cinq tableaux parmi les cinquante-six, formant un groupe qui sont de la main de Jean Clouet, le peintre le plus important du xvie siècle : la *Femme à mi-corps*, du Louvre, *la Joueuse de guitare*, les *Trois dames*, de Saint-Pétersbourg, la splendide *Femme à mi-corps* de Pacully; et *la Joueuse de flûte*, de la collection Roszynski, à Berlin; les autres sont de François Clouet, d'Antoine Caron et d'autres élèves du grand artiste (p. 244 et 245). »

Voici ce que M. Max Rooses écrit au sujet de ce tableau.

« C'est une production supérieure du maitre dont on a tant parlé en ces derniers temps. Elle nous charme par son exquise harmonie : la toilette sobre, jupe vert sombre et corsage rouge, le vert tapis de table, la lumière discrète, s'accordent si bien avec le fin, onctueux et serein visage, et les longues nattes châtain clair tombant le long des joues, qu'il en résulte une mignonne incarnation de pureté sans austérité, de bonheur intime ; un compromis entre le mysticisme antérieur et la coquetterie païenne de plus tard.

« Il est incontestable que le peintre était d'origine néerlandaise ; il n'est pas moins certain qu'il travailla à la cour de France, et, de plus, Franz Wickhoff a presque établi, avec preuves solides à l'appui, qu'il n'était autre que l'Anversois Jean Clouet, le peintre de François Ier. »

EISEN (François)

1720-1778

4. Ronde d'enfants.

Dans un paysage mythique, des enfants forment un cortège. Une fillette, montée sur une chèvre, est escortée triomphalement par ses compagnes, qui jouent du tambour, de la flûte, du tambour de basque et des cymbales. Les chairs nues, roses et potelées, s'éclairent sous la grande lumière d'un ciel d'azur. A gauche, deux bambins chevauchent sur une barre de bois à tête de cheval.

Cadre ancien en bois sculpté.

Toile. Haut., 99 cent. ; larg., 1 m. 27.

Signé à droite, en bas : Fçois EISEN, 1758.

FRAGONARD (Jean-Honoré)
1732-1806

5. Le Philosophe.

Il est représenté assis, accoudé sur le bras gauche. Il est drapé négligemment dans un manteau rouge éteint. Sur la tunique de dessous, apparaît une ceinture au ton bleu.

Le crâne est dénudé : quelques mèches de cheveux blancs tombent sur l'oreille. La barbe blanche se perd, souple. sur la poitrine. L'œil, d'une extraordinaire intensité d'expression, semble poursuivre un rêve d'infini. Sous l'arcade sourcillière en saillie, on devine tout le travail d'un cerveau qui pense, d'une âme qui s'inquiète. d'un cœur qui croit. peut-être qui doute...

Cité dans l'ouvrage de Virgile Josz, sur Fragonard (Paris, Société du *Mercure de France*, 1901, p. 35).

Gouache. Haut., 68 cent.; larg., 51 cent.

GRAMMONT

6. Zémir et Azor (Scène du tableau magique). COMÉDIE-BALLET EN 4 ACTES EN VERS, REPRÉSENTÉE A FONTAINEBLEAU. LE 19 NOVEMBRE 1771, DÉDIÉE A LA COMTESSE DU BARRY, PAR GRÉTRY.

A gauche, la jeune femme debout, les bras écartés en un geste d'étonnement devant l'apparition du tableau magique, où le sultan se trouve assis, les regards éplorés, entre les deux femmes : l'une, agenouillée à gauche ; l'autre, debout à droite. Au premier plan, à droite, un personnage satanique, portant un manteau rouge bordé de fourrures, assiste à la scène, la tête grimaçante.

Cadre ancien en bois sculpté.

Toile. Haut., 72 cent.; larg, 54 cent.

Signé à gauche, sur le socle d'un vase : GRAMMONT PINXIT.

GREUZE (J.B.)

7. Message d'amour.

De sa main dodue, la jeune fille serre contre sa poitrine une colombe blanche qui, dans son bec, retient le billet d'amour. Elle est vue de face, jusqu'à mi-corps, sa tête aux cheveux blonds, aux roseurs incarnadines, langoureusement penchée vers l'épaule droite; ses yeux ont une caresse humide, son nez mince parle d'ingénuité et de «friponnerie» Sa bouche, aux lèvres roses, ne peut se comparer qu'à un fruit délicieusement mûr. Son épaule se dégage d'une guimpe blanche, assez coquettement indiscrète pour laisser apparaître un sein virginal. Sur le bras et sur l'épaule gauche, les plis d'un mantelet lilas pâle.

Cadre en bois sculpté.

Toile. Haut.. 40 cent.; larg. 33 cent.

Exposition Universelle, au Petit Palais, 1900,
N° 1579.

Ce tableau, dont l'étude est à l'Académie de Vienne, vient de la collection Emile de Girardin. «Ce portrait, par Greuze, dit le marquis de Charnacé, se trouvait dans l'hôtel d'Emile de Girardin, au coin de l'avenue Kléber et de la rue de Presbourg.»

Avant d'appartenir à la collection de Girardin, il est plus que probable que ce tableau figurait auparavant dans la collection Emerson, comme en fait foi l'extrait ci-dessous du supplément du *Catalogue raisonné* de Smith (t. IX, p. 810, Greuze) : «A round faced chubby girl, seen in nearly a front view, with auburn hair and loose dress, clasping to her bosom a white pigeon. About 1 ft. 3 by 1 ft. 1. »

Ce tableau a été demandé par l'Académie royale de Londres, pour y être exposé.

LARGILLIÈRE (Nicolas de)

1656-1746

8. Portrait de Mansard.

Il est représenté jusqu'à mi-corps, le corps presque de profil, la tête tournée de face et coiffée d'une perruque blond cendré. Les yeux très vifs éclairent le visage animé. La bouche est spirituelle, le nez volontaire. Il porte au cou une cravate blanche, dont les barbes de dentelle apparaissent dans l'ouverture d'un gilet d'étoffe brochée. Le corps est drapé dans un ample manteau de velours couleur oreille-d'ours.

Cadre ancien en bois sculpté.

Toile de forme ovale. Haut., 78 cent.; larg., 64 cent.

Comp., pour l'identité du personnage, les portraits de Mansard peints par J. de Troy et gravés par Simonneau.

LARGILLIÈRE (Nicolas de)

9. Portrait de J. Le Maistre de la Chaussée, seigneur de Villejean, conseiller du Roy Louis XIV (mort en 1727, à l'âge de soixante-quinze ans, comme il résulte d'un document d'inhumation collé sur le dos du tableau).

Il est représenté jusqu'à mi-corps, le torse de profil à droite, la tête tournée de face et coiffée de la haute perruque. Il est vêtu d'un habit de soie lilas passé; l'épaule se dégage d'un manteau de velours vert antique, doublé d'une étoffe havane.

Cadre ancien en bois sculpté.

Toile de forme ovale. Haut., 78 cent.; larg., 64 cent.

LEDOUX (Jeanne-Philiberte)

1767-1840

10. Portrait de jeune fille.

Elle est vue jusqu'à la poitrine, légèrement de trois quarts à droite, un fichu blanc croisé sur les épaules et fixé au-devant du corsage par un nœud de ruban bleu. Les cheveux noirs, dont l'éclat e t atténué par un soupçon de poudre, sont retenus par un ruban bleu ; mais une tresse bouclée s'est échappée et flotte sur l'épaule gauche. Les yeux sont clairs et vifs. Le nez a de la mutinerie. La bouche, pour un instant sérieuse, retient avec peine un sourire. Le menton a toute la grâce caressante de la quinzième année. Le teint est rose, mais un rose tendre, presque inquiet.

Cadre ancien en bois sculpté.

Pastel. Haut., 41 cent. ; larg., 34 cent.

PILLEMENT (Victor)

1767-1814

11. Le Berger.

Dans un paysage, près d'un lac, un berger, à l'ombre des grands arbres, garde ses moutons.

Pastel. Haut., 31 cent.; larg., 67 cent.

RIGAUD (Hyacinthe)

1659-1743

12. Portrait présumé de J.-B. Boyer, seigneur d'Aguilles de Sainte-Foy, Argens et Faradel, conseiller au Parlement de Provence.

Il est représenté à mi-corps, le torse presque de face, la tête tournée légèrement de trois quarts à gauche. Son visage, au ton chaud, s'encadre des boucles d'une perruque blond cendré. Sa chemise à jabot de dentelle apparaît entr'ouverte sous l'habit de satin havane, à demi déboutonné. Le torse se dégage d'un manteau de velours lilas passé, dont la doublure de soie jaune brochée apparaît sur la poitrine et près du col.

Cadre ancien.

Toile. Haut., 81 cent.; larg., 65 cent.

Exposition Universelle, au Petit Palais (1900)
n° 1565

RIGAUD (Hyacinthe)

13. Portrait d'homme.

De trois quarts à gauche, vu jusqu'à mi-corps, vêtu d'un habit et d'un manteau de velours brun à broderie d'or. La cravate est nouée sous le menton, laissant pendre deux barbes de dentelle blanche. Le visage, aux joues fleuries, à l'expression intelligente, s'encadre des boucles d'une haute perruque.

Cadre ancien en bois sculpté.

Toile de forme ovale. Haut., 84 cent.; larg., 67 cent.

VERNET (J.)

1714-1789

14. Le Naufrage.

La mer est démontée. Au premier plan, à droite, parmi les lames brodées d'écume, des corps apparaissent, se retenant aux mâts d'un vaisseau qui sombre. A gauche, sur des falaises, des hommes se portent au secours des naufragés, tandis que des femmes crient leur angoisse au ciel chargé de nuées furieuses. A droite, au fond, un autre vaisseau fortement incliné sur le flanc sous l'effort violent de la tempête.

Toile. Haut., 1 m. 12; larg., 1 m. 52.

Signé à droite, en bas: J. VERNET. s. 1787.

Collection du duc de Pastrana.

ÉCOLE FRANÇAISE

(XVIIe siècle)

15. Portrait présumé de Mademoiselle de Blois, duchesse d'Orléans, fille légitimée de Louis XIV.

Elle apparaît debout, près d'une table. Elle est vêtue d'une robe de velours grenat, au corsage décolleté, bordé de dentelle blanche et d'une passementerie d'or, au devant de laquelle pend une grosse perle. Une draperie vert d'eau est jetée sur l'épaule droite en guise de manteau, descend du côté droit jusqu'à la table et s'enroule derrière l'épaule gauche. De la main droite, la duchesse tient des fleurs qu'elle va piquer sans doute dans la corbeille déposée sur la table. D'autres fleurs sont encore dans le pli du manteau, où la main gauche va les prendre. Le visage, vu de face, est rose; les yeux aux paupières légèrement tombantes, ont un regard attendri; les cheveux sont blonds, dessinant deux accroche-cœurs sur les tempes et relevés sur le sommet de la tête en un chignon retenu par un diadème de joaillerie.

Cadre ancien en bois sculpté.

Toile. Haut., 1 m. 48; larg., 1 m. 02.

ÉCOLES DU NORD

La section de beaucoup la plus importante et la mieux fournie, dans la collection Pacully, c'est celle des écoles du Nord, de ces maîtres rares et long-temps méconnus, dont la curiosité d'un Bürger avait déjà senti le charme, et que notre fin de siècle tend de plus en plus à ressusciter, distinguant les œu-vres, retrouvant les noms, étudiant patiemment monogrammes et factures, pour reconstituer sur des lambeaux épars l'histoire mystérieuse du passé. En dehors des primitifs toujours précieux et intri-gants, le cœur, le centre même de la collection, est surtout consacré aux grands noms, aux gloires classiques de la Flandre, à ceux dont les autels ont rarement chômé depuis deux siècles et dont on se transmet d'âge en âge l'admiration. Rubens y est noblement représenté par trois pièces de choix; et à ses côtés, sous sa sauvegarde, on pourrait pres-que dire sous son égide, tous ceux qui, de près ou de loin, ont respiré son atmosphère, subi même le lointain contre-coup de son rayonnement, sont sûrs de trouver près de M. Pacully bon accueil. Il ouvre sa porte toute grande à Téniers comme à Fyt ou à Breughel, tout en vénérant Jérôme Bosch. C'est un des traits caractéristiques et curieux de cette collection éclectique, qui, non seulement va d'un pays à l'autre, mais dans un même pays sait concilier toutes les époques, toutes les tendances, cueillir en chacune sa fleur d'art, sans intransigeant parti pris, sans se lier par aucune étroite préférence à d'exclusives amitiés.

Exquis dans ses proportions minuscules, d'un éclat doux comme celui d'une perle de belle eau, un charmant petit tableau *(Pietà)*, exécuté à l'extrême limite des temps gothiques, sur les confins in-décis qui séparent une époque de l'autre et qui relient au xvᵉ siècle la Renaissance près de naître, nous attirera tout d'abord. C'est, par excellence, l'œuvre de dévotion intime et privée, autel portatif s'il en fut, de ceux que nos bons aïeux suspendaient par une chaînette au chevet du lit ou emportaient pieusement en voyage dans un étui de cuir ou de velours.

La composition assez particulière ici — cette façon de représenter la Vierge à mi-corps, soute-nant à deux mains la tête du Christ et l'approchant de ses lèvres, comme pour la baiser — se retrouve presque identique dans la *Pietà* de la Pinacothèque de Munich, dont le catalogue continue l'attribution traditionnelle à Quentin Metsys — quoi qu'elle soit beaucoup plutôt copie et réplique par quelque italianisant postérieur, et dans la *Pietà* anonyme du Musée d'Anvers, attribuée, si je ne me trompe, par MM. Van den Branden et Hymans à Jean Metsys, qui copia souvent des peintures de son père. Le lien est visible qui les rattache toutes deux à la grande *Descente de Croix* d'Anvers, non seu-lement par l'esprit général, mais encore par la per-sistance de certains motifs, comme la montagne aux trois croix, avec les Saintes Femmes étanchant le sang, les serviteurs s'en allant besogne faite, ou la grotte qu'on prépare pour l'ensevelissement. Quant aux types, s'ils s'éloignent déjà beaucoup du maître dans la peinture de Munich, ils se sont conservés encore presque absolument purs dans la *Pietà* ano-nyme d'Anvers. Ces petits yeux aux paupières tombantes comme à peine entr'ouverts, ce nez délicat et fin, cette bouche mignonne, ce menton court, ainsi que le mouvement spécial des épaules et du cou, tournés de côté et comme tendus en avant, sont, entre toutes, particularités propres à Metsys, maniérismes entrés dans sa langue. Un tel ensemble de similitudes témoigne fortement en faveur d'une peinture du grand artiste, aujourd'hui perdue, dont ces deux œuvres seraient le reffet.

En examinant cependant la peinture délicate de
la collection Pacully dans sa facture intime et profonde, dans son essence spéciale, nous trouvons
que tout s'y éloigne nettement de la nervosité
subtile qui marque, pour ainsi dire, toutes les œuvres de Quentin Metsys. Le sujet est traité ou
repris de façon beaucoup plus simple, plus calme et
tranquille. Voyez comme d'une prise moins énergique et moins ferme les deux mains entrecroisées
soutiennent la tête blêmie, de très belles mains,
d'ailleurs, modelées avec un soin infini. Le visage
aussi, ce doux visage de Vierge plein de mélancolie
tendre, triste et résigné plutôt que torturé violem-
ment, est à peine à l'action et n'ébauche plus que
timidement le geste du baiser. Les chairs délicatement rosées, tout lis et roses, ont gardé leur pla-
cidité au repos et leur fraîcheur paisible. Seuls les
yeux rougis laissent échapper des larmes, glissant
sur les joues comme autant de gouttelettes de rosée.
Même la tête livide et souffrante, d'où le sang coule,
n'a pas perdu toute coquetterie ni toute grâce. Ces
divers traits, ces nuances particulières de sentiment
en même temps que la structure même des visages,
ou le système des colorations en leur gamme harmonieuse et chantante — ton sombre des vêtements
gros vert et violacé, contraste voulu et affirmé entre
les lividités verdâtres du corps du Christ et l'éclatante blancheur des chairs ou du voile de la Vierge,
s'enlevant en vigueur sur le ciel d'un bleu turquoise
exquis — tout rappelle invinciblement à l'esprit un
des maîtres les plus charmants de l'extrême fin du
XVe et du premier quart du XVIe siècle, d'origine et
d'éducation hollandaises, qui, bien qu'étant venu à
Bruges prendre des leçons de Memling, et en ayant
continué l'école, garda toujours, notamment dans
l'atmosphère et le coloris, quelque chose de son
pays natal: à savoir Gérard David. La plupart de
ses figures sont proches parentes de notre Vierge.
Il n'est pas jusqu'à certains détails, comme la coupe
particulière du voile à plis souples, larges et moel-
leux, retombant généralement sur une première

coiffe raide toute unie, ou, comme ici, légèrement
tuyautée des bords, qu'on n'y retrouve fréquemment.

Quant au rapport avec Metsys, il est explicable
et possible après tout. David étant entré en 1515
dans la gilde d'Anvers.

Sans entraîner aussi longs commentaires, un
Jugement dernier, qui se recommande du nom de
Jérôme Bosch, mérite un intérêt tout spécial pour
son insigne rareté. C'est de la collection de l'infant
Sébastien qu'il est également parvenu entre les
mains de M. Pacully.

C'est une œuvre portant l'estampille et ayant tous
les caractères de l'authenticité. On ne saurait nier
que la composition, l'arrangement des épisodes et
des scènes, l'invention même du détail, les types
de monstres ou de damnés, les accessoires, jusqu'à
la facture rapide et légère, ou à la recherche des colorations dans une harmonie de blanc rosé ou de
vert jaunâtre, que relèvent par endroits des gris,
des bleus, des jaunes francs ou des noirs, tout soit
au plus haut point dans l'esprit et la manière de
Bosch.

En dépit de certains rapports accessoires avec deux
œuvres sûres de Bosch, comme le triptyque des
Plaisirs du monde à Madrid ou celui du *Jugement
dernier* à l'Académie de Vienne, c'est une composition, somme toute, originale et nouvelle, qui
s'offre à nous. L'ensemble, avec des cruautés raf-
finées par endroits, est surtout pittoresque, amusant,
spirituel au possible.

C'est près de Jérôme Bosch que nous placerons
un petit tableautin de la collection Pacully, offrant
des qualités analogues, où sont figurés, par toute
une série d'épisodes animés et vivants, les supplices
des joueurs, des voluptueux, des gourmands,
voire même des musiciens ou du pauvre écrivain.

C'est vers des sujets plus aimables, non loin de
Gérard David et de son groupe, que nous ramène
un agréable spécimen du maître anonyme connu
en Allemagne sous le nom de « Maître des demi-

figures féminines» (*Meister der weiblichen Halb-figuren*), d'après son habituel système de représenter en buste de jeunes et élégantes personnes, toujours coquettement attifées, faites aux usages des cours, expertes en belles manières et en arts d'agrément, qui emploient généralement leur temps à des oisivetés de bon ton. Portant presque toutes, comme un uniforme, riche robe de velours à grandes manches, violâtre ou cramoisie, carrément coupée sur la poitrine nue, avec chaîne ou pendeloque au col, les cheveux délicatement ondés et rebroussés sous la coiffe, les chairs blanches et soignées qu'enveloppe et caresse la lumière, l'expression doucement sentimentale et rêveuse, elles se sont assises en un coin de palais, dans une grande pièce claire à haute boiserie, devant une table à tapis vert, où est souvent posé, comme ici, un vase de métal ciselé, qui peut leur avoir fait jouer en leur temps le rôle de Madeleine. Tantôt seules, attentives et sérieuses, — comme c'est ici le cas, — elles sont en train d'écrire une lettre, qui, à coup sûr, est une lettre d'amour. Ailleurs (musée de Pesth et collection Nérée, à Babberich, en Hollande), la lettre une fois écrite, sablier en main, elles font sécher l'écriture encore fraîche. La musique aussi les intéresse et les occupe fréquemment. C'est le thème adopté pour la gracieuse *Joueuse d'épinette* de la collection Raczynski, à Berlin, ou dans la peinture jusqu'ici la plus célèbre du maître, — *le Concert* de la galerie Harrach, à Vienne, dont l'Ermitage de Saint-Pétersbourg possède une réplique — où elles se sont mises à trois pour jouer ou chanter, avec accompagnement de flûte ou de mandoline, des airs d'amour, non sans lancer au spectateur une œillade en sourdine. Tout est loin d'être dit sur ce maître, qui, en plus d'un musée d'Allemagne ou d'Italie, porte encore l'étiquette « Holbein », « Mostaert » ou « Van Orley »: peintre de cour évidemment, proche parent d'Orley lui-même, s'il ne fut son disciple, plus délicat et raffiné, d'ailleurs, qui — on a tout lieu de le croire

— dut faire partie de l'entourage habituel de Marguerite d'Autriche. Qui sait même si ce ne fut pas un Français? On le supposerait volontiers, étant donné que l'écriture de ses lettres est française, comme aussi les paroles qu'il fait chanter à ses musiciennes. C'est de la collection Salamanca que provient ce gracieux tableau.

En contraste avec ces élégances est le *Portrait de femme* que M. Pacully a recueilli dans la collection du duc d'Osuna, très simple, très bourgeois. Il n'est pas besoin de regarder longtemps le modèle, jeune femme ou vieille fille. hélas! ayant gardé des airs de jouvencelle. dont une solennelle inscription porte l'âge 39 ans), pour reconnaître une Allemande, blonde aux yeux bleus, au teint frais, aux chairs roses. Gretchen ou Kattele. S'enlevant en clair sur un fond gris uni, avec sa jupe rose, son corsage noir de moire ou de velours, fraise et manches raidement tuyautées. chaîne d'or et ceinture d'argent, les mains l'une dans l'autre chargées de bagues, elle a fait sa toilette des grands jours, telle qu'on pouvait la faire en quelque maison cossue de Nuremberg, dont les femmes, dans la seconde moitié du XVIᵉ siècle, portèrent habituellement ce costume, et tout particulièrement la toque ronde avec longues tresses pendantes. C'est à Nuremberg, en effet, que l'œuvre a été peinte, et par un Nurembergeois, Laurenz Strauch (1554-1636), qui a eu soin de mettre son monogramme (S et L enclavés), au-dessous de l'âge même de son modèle, comme il l'a fait également dans ses portraits d'hommes ou de femmes du Musée germanique ou de Schleissheim. Un *Portrait de femme* (photographié par Braun), qui lui est très justement attribué à l'Ermitage de Saint-Pétersbourg, est tout à fait proche du nôtre. Il pourrait très bien se faire que ce peintre obscur et mal connu, qui ne dut guère quitter sa ville natale, ait été, pendant sa période de formation et d'étude, élève de Nicolas Neufchâtel, le Flamand expatrié, établi à partir de 1561 à Nuremberg pour n'en plus sortir jusqu'à sa mort (après 1590), y jouissant d'une

grande réputation et devenu le portraitiste ordinaire
de toute la haute bourgeoisie du lieu. Le rappro-
chement de deux intéressants *Portraits de femmes*
de Neufchâtel, au musée de Pesth, vient singulière-
ment à l'appui de notre conjecture. Car, en dehors
même des airs de famille que peuvent donner
l'identité de race et d'époque, ainsi que la confor-
mité du costume — c'est, en effet, de Nurembergeoises également qu'il s'agit — des ressemblances
plus particulières dans l'attitude et la pose, l'arrangement des mains notamment, semblent souligner
nettement des rapports de maître à élève.

Quelques peintres qui, bien qu'ayant vécu et tra-
vaillé surtout au XVIIᵉ siècle, appartiennent presque
encore au siècle précédent par les habitudes d'éducation et de style, par le faire menu et fin, comme
celui des primitifs, peuvent servir de transition
pour passer d'une époque à l'autre. C'est un minia-
turiste à sa manière, par exemple, que le vieux
Pieter Neefs, dont M. Pacully possède un *Intérieur
d'église* (ancienne collection de l'infant Sébastien),
avec le jeu discret et délicat de la lumière si justement observée sous les hautes voûtes gothiques de
la nef ou dans les bas côtés, la profusion des autels,
des plaques funéraires ou des ex-voto, l'harmonie
luisante du pavage ou des murs dans des gris jau-
nâtres, ou ardoisés, que relèvent çà et là quelques
tons blancs, noirs ou roses, et les figurines habituelles chargées d'animer la scène, allant, venant,
agenouillées en diverses places ou se rencontrant,
jusqu'à l'inévitable mendiant qui garde l'entrée.

Le plus jeune fils du vieux Breughel, Jean
Breughel, dit de Velours, a eu l'honneur de colla-
borer souvent avec Rubens et d'être son ami. Les
deux spécimens de son art que nous montre la collection Pacully sont deux de ces scène de *Paradis
terrestre* qu'il affectionne, et dont le beau tableau
du musée de la Haye (avec figures de Rubens) res-
tera toujours le chef-d'œuvre. Ce qui demeure ici
charmant et délicat, de la plus fine ingéniosité parfois dans le détail, de la plus naïve et sincère vérité

d'observation, c'est tout le travail personnel de Breughel. Les premiers plans sont si joliment égayés par des fleurs multicolores, grands iris bleus, tournesols, roses trémières ou lis, tulipes, œillets et capucines, soit par la foule bigarrée des animaux, quadrupèdes, oiseaux ou poissons, pittoresquement groupés ou dispersés, chacun suivant ses habitudes et son genre de vie, jouant même à l'occasion de petites scènes amusantes par endroits, que l'œil s'y repose et s'y arrête non sans plaisir, en admirant l'infinie patience, l'ingénuité et la fraîcheur légère en sa minutie.

D'un peintre que Rubens aimait puisqu'il en avait accueilli deux œuvres dans sa collection, Alexandre Adriaensen, rival de Van Utrecht dans la nature morte, peintre assez rare, d'ailleurs, dont peu de musées possèdent des spécimens — le Louvre, entre autres, l'ignore totalement — un bon exemplaire s'offre à nous, soigneusement signé et daté sur la tranche d'une table de bois brun: *Alex. Adriaenssen* (sic), *1634*. C'est éminemment le tableau de salle à manger. Car, sur cette table, l'occupant presque tout entière, est posé un grand plat blanc, mais qui disparaît sous une montagne de fruits tout à fait engageants, raisins blancs juteux et dorés ou d'un noir rougeâtre, poires jaunissantes, prunes violacées, pêches prêtes à mûrir, avec quelques noix pour compléter le régal. En avant, sur une petite table de desserte, sont même encore une ou deux figues, ainsi qu'une perdrix très habilement peinte, au plumage gris et brun doré.

Deux pendants ayant pu servir de dessus de portes (ancienne collection Salamanca), *Chien et gibier*, dus au hardi et vaillant pinceau de Jan Fyt — l'émule brillant de Snyders que notre siècle a remis en honneur — viennent témoigner de tout ce que l'exemple ou les leçons de Rubens purent avoir d'action sur ses contemporains. C'est d'une touche épaisse et beurrée, par taches vives, avec des rugosités par endroits ou des violences pour accrocher la lumière et accentuer l'effet, que sont peintes ici les perdrix, gisantes à terre ou encore suspendues à la cage faisant havre-sac, ainsi que l'épagneul qui les guette, sous des branches retombantes de mûres sauvages, en avant d'un grand paysage à ciel orageux. En ces deux beaux morceaux décoratifs, quelle richesse d'ensemble, et combien plume et poil surtout sont rendus avec verve et brio ?

Pour en finir avec les peintres de volatiles, il nous faut signaler, enfin, un bon spécimen du Hollandais Jan Weenix, provenant de la collection Potemkin, qu'il a eu soin de signer en avant, sur la tranche, de sa belle écriture comme gravées dans la pierre grise : *J. Weenix fecit*. Weenix s'y retrouve franc réaliste et fidèle aux qualités mêmes de sa race. Ses acteurs sont admirablement observés et rendus, dans la vérité de leurs mœurs, de leur structure, de leur plumage, pris sur le vif dans la ménagerie ou la basse-cour : l'oiseau de proie terrible et féroce, dressé sur ses serres robustes, rendu encore plus singulier par sa gibbosité grotesque, son cou rouge et pelé, les excroissances de chair qui entourent son bec crochu ou le cercle rouge qui souligne, comme des lunettes, le regard de son œil fixe, tandis qu'affaissée sur les dalles, le cou brutalement déchiré, le foie arraché du corps, repose dans le sang la poule au coquet plumage, victime innocente qu'il vient de tuer.

C'est du côté de Rubens que nous ramène, sans en avoir l'air, une scène de bataille par Pieter Snayers, contemporain et sans doute ami du grand homme, qui n'en avait pas moins de trois œuvres dans ses collections. Cette grande toile a gardé bonne allure, et notamment une sorte d'harmonie dorée caractéristique, dans des jaunes bruns ou des gris verdâtres, avec quelques taches plus vives de bleu, de rouge ou de rose par endroits. Elle est le reflet curieux d'une époque où les escarmouches de ce genre ne furent pas rares, et où, pendant la guerre de Trente-Ans surtout, plus d'un village dut être ainsi pillé par les troupes de passage. Par la vivacité de la mimique, l'agencement heureux des épisodes, l'art de les disséminer avec variété et pittoresque dans une vaste étendue. Snayers se montre ici le digne précurseur de son élève plus fameux, Van der Meulen, le futur historiographe des guerres de Louis XIV. C'est comme un intérêt de plus ajouté à l'œuvre d'un peintre, d'ailleurs peu commun dans les musées et les collections.

Mais tout s'efface et disparaît, dès qu'entre en scène le grand premier rôle de l'art flamand au XVIIe siècle, celui qui en fut le maître au sens le plus large et le plus complet du mot. C'est le cas de répéter le vers souvent cité :

> Le soleil a paru : disparaissez, étoiles !

De Rubens M. Pacully a eu la bonne fortune de pouvoir réunir trois œuvres, différentes d'esprit ou même de procédé et de faire, qui, dans leur aspect varié, viennent affirmer pourtant l'incomparable virtuosité de sa main.

L'une, esquisse très légèrement peinte en camaïeu à la sépia, presque un dessin, en a toute la saveur d'impression rapide, libre et vivante. C'est la *Bacchanale*, que nous avons vu passer en juin dernier à la vente Stein ; la même que Smith a décrite dans son catalogue de l'œuvre de Rubens (t. II, n° 916), alors qu'elle était dans la collection de lord Methuen : morceau d'illustre origine, comme on voit, et qui a ses papiers tout à fait en règle. Inutile d'insister sur la verve abondante et plantureuse, la franchise robuste et un peu grasse, la jovialité comme épanouie sans effort, avec laquelle est arrêté ici en ses grandes lignes ce thème cher à Rubens, reçu de l'antique par l'intermédiaire d'un Titien, et plus d'une fois repris par lui en des tableaux achevés qui sont une fête pour les yeux. Même sous cet aspect monochrome, le coloriste apparaît déjà dans la coulée vive du pinceau, le puissant relief des formes ou les savants rehauts qui çà et là mettent la lumière et l'accent. Nous daterions volontiers cette belle étude de préparation et de recherche, où tout sent la main même du maître, d'un temps où le sujet semble l'avoir particulièrement préoccupé, entre 1615 et 1620 environ, plus d'un motif analogue ou même identique intervenant, soit dans l'une des *Marches de Silène* de l'Ermitage, soit surtout dans celles de Munich et de Berlin, qui sont de cette époque. Le curieux et intéressant détail de la faunesse ivre, par exemple, tombée à terre presque inconsciente, le corps amolli et flasque tordu sur lui-même, tandis que deux petits faunillons pétulants et gaillards la tettent goulûment — détail rappelant par plus d'un point l'inoubliable figure de morte, sur laquelle est vautré l'enfant, dans le *Massacre de Scio*, de Delacroix — déjà indiqué, quoique différemment, à l'Ermitage, reparaît pour ainsi dire textuellement à Munich. Si, d'autre part, le vieux Silène ventru et titubant se répète, à Berlin et à Munich ce sont deux hommes qui le soutiennent, dont un nègre pinçant la peau d'une des cuisses, comme fait ici, sans le vouloir, une des femmes qui a posé la main sur sa poitrine rebondie. Ces deux femmes, très différentes de celles qui, à l'Ermitage, rendent au dieu des ivrognes même office, sont un des charmes et une des particularités de notre esquisse. Tout au plus la joueuse de tambourin, toute soulevée en un rythme de danse, aurait-elle un rapport de parenté visible avec une figure semblable à Berlin. Il n'est pas jusqu'au faune à l'œil allumé qui cherche à la saisir ou à celui qui a empoigné de vive force une de ses compagnes, dont on ne puisse retrouver l'analogue en d'autres compositions du maître, dans la série des *Chasses de Diane*. Même les figures à peine indiquées d'arrière-plan, le gros flûteur jovial ou la figure vague qui approche une coupe de ses lèvres, à Munich comme à Berlin, rentrent en scène, pour jouer plus ostensiblement leur rôle. Tout s'unit donc et se rapproche, pour faire croire ici à une première pensée, un premier jet dans la voie des recherches.

Les deux autres compositions de Rubens possédées par M. Pacully sont des peintures, très différentes l'une de l'autre, d'ailleurs, mais qui ont pour trait commun de se rattacher à la série des cartons exécutés pour des tapisseries. C'est en particulier le cas pour la première d'entre elles, la *Récolte de la manne*, peinte en couleurs infiniment fraîches, riantes et fleuries, d'une touche délicate et légère, au centre d'un médaillon ovale de pierre à la mode du temps, avec accompagnement de cornes d'abondance, de palmes, de génies ailés en grisaille, où viennent ingénieusement se mêler et se suspendre des guirlandes de fleurs ou de fruits, qui forment avec la peinture même le plus délicieux accord. Rubens — nous le savons — a traité le sujet pour la célèbre série des *Triomphes de la Foi*, sur commande de l'infante Isabelle, gouvernante des Pays-Bas, en vue de tapisseries destinées au couvent des Clarisses, ou, suivant leur titre officiel, « religieuses déchaussées royales » « (*Senoras religiosas descalzas reales*) de Madrid, qu'elle vénérait particulièrement. La série entière des tapisseries, comprenant quinze pièces, est encore aujourd'hui conservée au couvent même. Quant aux cartons de grande taille dont le Louvre possède deux spécimens (*Élie dans le désert* et le *Triomphe de l'Eucharistie*), on en connaît l'allure un peu ronflante, l'aspect massif encore souligné par l'arrangement décoratif à la flamande, avec lourde architecture de pierre les encadrant. Dans la galerie du duc de Westminster à Londres, à Grosvenor House, tout à fait analogue de disposition et de faire, est le carton colossal de la composition même qui nous occupe, accompagné de trois autres de la même suite. Signalons enfin, au Louvre même, dans la série non exposée (n° 20210), un dessin à la plume lavé de bistre. La prestesse aisée et souple de l'œuvre de la collection Pacully, cet air d'ébauche colorée qui en fait le charme, et surtout le soin particulier, mêlé de tendresse souriante et de grâce, avec lequel ont été exécutés certains détails — notamment la figure de jeune femme blonde, aux cheveux d'or pâle, à la jupe de satin jaune éclatant, qui, d'un beau geste de canéphore, s'en va avec une corbeille d'osier sur la tête et un enfant suspendu à son bras — ne sont pas sans offrir quelque rapport avec les délicatesses exquises de *la Fuite de Loth*, ce chef-d'œuvre de 1625. Les fleurs et fruits sont faits à ravir en leur fraîcheur proprette et leur minutieuse netteté.

De la collection du duc de Pastrana, où M. Pacully a recueilli cette œuvre de toutes façons intéressante, provient également celle qui pourrait presque passer pour la plus glorieuse conquête de sa carrière de collectionneur, un autre Rubens incontestable et plein de vraie grandeur : *Thétis plongeant Achille dans les eaux du Styx*. Là, ce n'est pas l'ébauche d'un carton de tapisserie, mais le carton lui-même qui s'offre à nous. Rubens, à une époque de sa vie qui n'est pas très nettement déterminée, mais qui paraît être de 1630 à 1635, composa une suite de l'*Histoire d'Achille*, en huit scènes, destinée à être reproduite en tapisseries, comme l'avaient été déjà précédemment ses *Triomphes de la Foi* ou ses *Histoires de Décius et de Constantin*. On connaît un certain nombre d'exemplaires des tapisseries mêmes. Quant aux cartons, deux sont au musée de Pau, auquel ils ont été donnés par la duchesse douairière de Pastrana. Deux autres ont figuré à la vente Salamanca. Les quatre derniers, enfin, provenant originairement du palais Pastrana à Madrid, ont été vendus également ment ensuite par un couvent, auquel la duchesse douairière en avait fait don.

C'est à ce dernier groupe qu'appartenait le tableau de la collection Pacully, œuvre dont on ne saurait trop admirer la beauté et qui, dans toute la partie centrale, au moins, et la seule importante, le sujet même, — on peut faire bon marché de l'encadrement décoratif obligé — semble écarter toute idée de collaboration, même préparatoire, tant la peinture y est exécutée de verve, avec une ampleur et une plénitude d'accent tragique que seul Rubens

eut à ce point. C'est entre des colonnes en forme de
termes-cariatides, représentant des dieux et déesses
ou des figures allégoriques, changeant d'une scène
à l'autre, tout en gardant à l'ensemble son unité,
que se passe la série entière de l'*Histoire d'Achille*.
Dans le tableau qui nous occupe et qui ouvre la
série par le premier fait considérable de la légende
— l'enfant plongé dès sa naissance par sa mère
dans les eaux du Styx, pour devenir invulnérable
— les souverains des enfers, Pluton et Proserpine,
viennent ainsi jouer un rôle approprié au sujet et
faire office de statues canéphores, aidant à porter
l'architrave ornementée d'un cartouche en forme de
chauve-souris et de lourdes guirlandes de fruits. Ce
cadre ingénieux et robuste enferme et limite la
perspective même des enfers où l'émouvante scène
d'incantation s'accomplit. En avant, par un parti
pris de décorateur inspiré, Rubens a couché Cerbère lui-même, le féroce gardien du lieu. Un de ces
beaux lévriers noirs tachés de blanc, si chers au
maître, et qui tant de fois sont revenus dans son
œuvre, soit qu'il les peignît lui-même, soit qu'il
demandât à son ami Snyders de l'y aider, a servi
encore une fois ici de modèle. Mais, où l'art dépasse
le talent même supérieur du collaborateur habituel,
du simple animalier, et sent l'intervention du génie,
c'est dans la façon merveilleuse avec laquelle
s'agencent et s'unissent sur ce corps endormi, également saisissantes de naturel et de vie, les trois
têtes du monstre : l'une encore sommeillante ;
l'autre déjà réveillée, l'œil sanguinolent, et prête à
gronder ; la troisième menaçante, dressée, crocs en
avant. Morceau de maîtrise absolue, rappelant à sa
façon, par l'éclat splendide du coloris et l'ardeur du
sentiment, les quatre fameuses *Têtes de nègres* de
la collection Demidoff, aujourd'hui au musée de
Bruxelles. Au delà de cette barrière vivante s'étend
l'eau sombre, épaisse et glauque, à reflets sinistres,
au bord de laquelle est Thétis, le corps penché en
avant, attentive à l'opération, retenant d'une main sur
sa poitrine, une draperie rouge vif prête à tomber,

tandis que, de l'autre, elle enfonce soigneusement
dans le fleuve l'enfant nu, qui en vain résiste et de
la seule jambe libre gigote éperdument. Rien ne
saurait donner idée de la fraîcheur extraordinaire,
de l'éblouissante lumière nacrée de ces chairs de
femme et d'enfant, contraste de vitalité triomphante
hardiment souligné au premier plan de ce lieu
d'horreur. Hélène Fourment, évidemment, posa
pour cette robuste beauté blonde, dont les perles
viennent coquettement parer le cou ou les cheveux
dorés. En arrière, prenant au sérieux son rôle de
servante, une des Parques au corps bronzé, enve-
loppée de voiles violâtres, quenouille fichée à la
ceinture, déjà plus sombre, comme un achemine-
ment aux terreurs d'arrière-plan, torche fumeuse
en main, est venue éclairer la mère prévoyante.
Puis tout se perd et se fond en des noirceurs
lugubres : foule suppliante de corps musclés, les
bras tendus, implorant, comme dans Virgile, la
barque de Caron qui s'en va; vapeurs soufrées,
lueurs de flamme, arche rocheuse, massif palais
cyclopéen et chauves-souris tournoyantes dans le
ciel assombri. L'ensemble est d'une harmonie
suprême, qui joint au sentiment du mystère et du
drame la somptuosité persistante d'un décor bien
rythmé.

Entre les créatures puissantes et fortes d'un
Rubens, sortes d'animalités supérieures qui, même
lorsqu'elles touchent à la bestialité, demeurent
héroïques, et les bonshommes terre à terre d'un
Brouwer ou d'un Teniers, il semble qu'il ait une
infinie distance. Au fond, poésie et prose sont
sorties du même sol. Des liens, en général peu re-
marqués — liens de protectorat ou d'amitié — unissent d'ailleurs plus étroitement encore au maître
glorieux ses deux jeunes contemporains. Rubens
pourrait bien avoir été pour Brouwer une sorte de
patron généreux et bienveillant, la bourse largement ouverte comme le cœur, toujours prêt à aider
un collègue dans la misère et le besoin. La nom-
breuse série d'œuvres du peintre besogneux (dix-

sept tableaux) qu'il admit dans ses collections, n'a-t-elle pas tout l'air d'une de ces charités délicates qui se dissumulent ingénieusement? Teniers, en revanche, jeune et élégant cavalier, aux manières de gentilhomme, déjà richement pourvu et dont la carrière s'annonçait brillamment, n'eut jamais à recevoir des services de ce genre. Mais il dut être honoré d'une estime particulière par Rubens, qui le choisit, en 1637, pour épouser une des filles de Breughel de Velours, sa pupille. Comment du protecteur aux protégés ne se serait-il pas établi des rapports? L'ascendant d'un génie de cette taille, en sa pleine période de gloire surtout, pouvait-il laisser indifférent quiconque l'approchait? Et, de fait, on retrouverait facilement, jusque dans l'art d'un Brouwer ou d'un Teniers, plus d'une trace d'influence subie, ne fût-ce que dans le ragoût savoureux du ton, la recherche des harmonies brillantes, les épaisseurs grasses de la touche, tout ce qui est le métier même en sa franche énergie et sa solidité.

Le pauvre Adriaen Brouwer, mort jeune et sans gloire, fut même peut-être celui qui profita le mieux des leçons du maître et s'en approcha de plus près. C'est un excellent spécimen de sa manière, que cet *Arracheur de dents*, recueilli par M. Pacully à la vente Kums. Le sujet est bien connu, ayant passé de main en main, depuis le vieux Bosch peut-être, dans l'atelier de tous petits maîtres hollandais ou flamands. Le paysan, venu sans doute au marché de la ville voisine, est entré chez l'opérateur, barbier, chirurgien ou dentiste, suivant les cas, pour montrer sa dent malade; et là, dans l'officine obscure, parmi l'attirail des rasoirs et ciseaux pendus, des pots et fioles bien bouchés contenant remèdes et onguents, solidement maintenu sur l'humble siège de douleur, voulant vainement résister et crier, on le délivre malgré lui de son mal, tandis que sa compagne ou une vieille servante apitoyée le regarde en joignant les mains. Par la porte, au fond, dans le pénombre, arrive un

pauvre loqueteux penché sur ses béquilles, qui va
mendier ou recourir à son tour aux bons offices du
maîtres de céans. Tout le charme de la scène est
dans la spirituelle et énergique vivacité de l'expression, l'ampleur du modelé et du geste, l'échantil-
lonnage délicatement gradué des couleurs allant des
jaunes d'or, des bleus ou rouges vifs aux violets,
aux lilas, aux verts ou aux bruns, pour se perdre
aux arrière-plans en des tons de sépia uniforme, et
aussi dans l'étonnante lumière qui vient se jouer
sur les figures ou les accessoires pittoresquement
dispersés, les baignant d'atmosphère, en laissant çà
et là quelques mystérieux recoins d'ombre. C'est,
comme toujours, une œuvre vraiment forte en sa
simplicité.

M. Pacully a recueilli dans la collection du duc
d'Osuna deux Teniers du type classique, d'exécution adroite et fine. L'un laisse entrevoir — ainsi
qu'il arrive souvent — au delà du cabaret devant
lequel on s'abreuve, un aimable horizon de campagne, avec cygnes et canards dans l'eau ou bestiaux pâturant gardés par les pâtres, rappelant que
Teniers aima le paysage et sut le rendre. L'autre,
que nous croirions volontiers supérieur, nous fait
entrer dans le cabaret même ou buveurs et fumeurs
sont installés devant l'âtre flambant. Par l'harmonie
soignée du détail, la touche émaillée et grasse à la
fois, l'heureux accord des vêtements aux notes vives
et chantantes, ou d'un ciel d'azur entrevu par une
fenêtre ouverte, avec l'ensemble des tons maintenu
dans une gamme gris roussâtre tout à fait savou-
reuse, c'est un digne pendant à l'œuvre de Brouwer.
Nous respectons — sans trop y croire, avouons-le,
les scrupules érudits du collectionneur, qui lui font
supposer ici une collaboration de David Teniers
avec son frère Abraham, plus jeune et moins habile
que lui, quoique le suivant de très près. La signature, très nette seulement pour le nom de *Teniers*,
abîmée ou disparue pour le reste, ne permet dans
ce sens aucune conclusion sûre.

Ce sont des raretés assez inattendues et dignes

de remarque, qui nous apparaissent dans trois peintures de David Teniers, provenant de la collection du duc de Pastrana. Le fait relaté, en ces œuvres d'aspect et de destination éminemment décoratifs, semble avoir trait à quelque glorieuse expédition maritime dirigée contre les Turcs — à l'exemple de son illustre prédécesseur et homonyme, le vainqueur de Lépante — par don Juan d'Autriche, fils de Philippe IV, qui devint gouverneur des Pays-Bas à la mort de l'archiduc Léopold-Guillaume, et, comme lui, fut ami et protecteur de Teniers, · le traitant même si familièrement, presque d'égal à égal, qu'il lui demanda, nous dit-on, des leçons de peinture à l'occasion. C'est visiblement en vue de tapisseries projetées que fut exécutée cette suite intéressante, comprenant le Départ, la Bataille même et le Retour : cartons soignés, aux indications rapides, spirituelles et fines, plutôt que tableaux proprement dits. Teniers fut plus d'une fois peintre de marines — le musée de l'Ermitage, entre autres possède de sa main un remarquable *Port de mer*, tout baigné de lumière dorée — et il aborda volontiers l'histoire contemporaine. Un curieux tableau du musée d'Anvers, le *Panorama de Valenciennes*, relatif aux guerres de Condé et de don Juan d'Autriche unis contre la France, est même encadré de façon tout à fait analogue à celle qu'on trouve ici, avec trophées d'armes, drapeaux et petits génies. C'est, en effet, au centre de cadres appropriés à une expédition maritime — futures bordures de tapisseries — que se passent les trois scènes qui nous occupent. Il y a accord absolu de facture entre le centre et les bordures. L'arrangement varie ingénieusement d'une scène à l'autre, quoique sur un thème identique : guirlandes de coquillages, coraux ou perles ; oiseaux aquatiques ou poissons disposés en trophées, qui retombent parmi les rames, les filets ou les crocs ; quelques ancres çà et là, et partout de petits génies folâtrant, aidant à porter l'attirail, consolidant ici un feston, regardant ailleurs curieusement une coquille, ou chargeant sur l'épaule un fardeau trop lourd pour eux ; le tout vivement peint du bout du pinceau.

Le tableau qui vient clore, enfin, dans la collection Pacully, la série des écoles du Nord, est l'œuvre du Hollandais Gérard van Honthorst, qui a une prédominance marquée et constante pour les éclairages artificiels, les brusques effets d'ombre noire et de lumière contrastée, dont il avait pris goût à l'école de Caravage. Le sujet est de ceux qu'on aima de tout temps aux Pays-Bas, que les petits maîtres hollandais ont plus d'une fois pris et repris, mais que Jordaens, entre autres, traita supérieurement. C'est la Fête des Rois, l'élu de la fève levant en l'air son verre en joyeuse compagnie, avec accompagnement de mascarades et de scènes de carnaval. On remarquera la singulière ressemblance qu'offre le jeune homme du premier plan — brusquement retourné vers les deux masques qui arrivent, faisant charivari — avec la figure également découpée en silhouette d'un tableau de la Pinacothèque de Munich représentant *l'Enfant prodigue*. C'est évidemment le même modèle qui a posé.

PAUL LEPRIEUR,
Conservateur au musée du Louvre.

ÉCOLE FLAMANDE

ADRIAENSEN (Alexander)

1587-1661

16. Fruits.

Sur une table, dans un plat de faïence, on a placé
des raisins, des pommes, des noix, des abricots,
des prunes noires, des coings, etc. Un fruit ouvert
et privé de son noyau a roulé, à gauche, sur la
table. Au premier plan, à droite, sur une autre
table, on remarque des figues et un perdreau.

Panneau. Haut., 58 cent.; larg., 85 cent. 1/2.

Signé à gauche, dans le bas, sur le bord de la table :
ALEX ADRIEANSSEN FC. A C 1634.

Alexander Adriaensen, dont peu de musées possèdent des
œuvres, fut, en tant que peintre de nature morte, le rival de
Van Utrecht. Van Dyck fit son portrait et Rubens l'estimait
assez pour avoir fait place, en ses collections, à deux tableaux
signés de lui. Il fut d'ailleurs lié d'amitié avec Rubens, puisque
la femme de celui-ci, Catherine Brandt, fut la marraine d'un de
ses enfants.

BOSCH (Jheronymus)

1450-1516

17. Le Jugement dernier.

Le Christ-Juge, tenant d'un côté le lys, de l'autre le glaive, est assis sur l'arc-en-ciel, parmi les anges et les apôtres. Tandis que là-bas, aux arrières-plans sommairement indiqués, des anges aident à l'ascension des élus, ici, aux premiers plans, s'é-talent les divers modes de tortures déterminés par le genre de vice, tortures dont d'épouvantables monstres, en partie bête, en partie homme, se sont faits les savants exécuteurs.

Au milieu, c'est une furieuse mêlée d'hommes et de femmes, suppliants ou désespérés, saisis ou déjà tourmentés par des démons à tête de porc, de chien, d'animaux cornus et de serpents symbolisant l'ins-tinct de chaque damné. Au-dessus de ce groupe, le premier péché, — le péché héréditaire, — a trouvé sur la terre même son inflexible châtiment : le nouveau-né, sortant de la pomme, reçoit des mains d'un diable noir les dés de la destinée, pendant qu'un être étrange, à la fois grenouille et oiseau — est-ce darwinisme pressenti ? — béant, le regarde. Adam et Eve, la tête rivée comme celle des bœufs, au joug, battus par un gnome hideux, traînent le fruit avec l'enfant. Un autre démon exulte au som-met de ce char.

A gauche, les luxures, plongées dans l'eau bour-beuse, sont en proie à des rats et à des crapauds noirs, et punies par où elles ont péché.

Les ivrognes ont leur tour. L'un est poursuivi par les rats; l'autre, humant encore le pot coutu-mier, est écrasé par le ventre gonflé d'une baleine ; un autre, dormant bras croisés sur la table, est tué par derrière; un quatrième, incapable de garder le vin qu'il a bu, est veillé par une cigogne vengeresse ; un dernier, ivre-mort, qui a roulé de son escabeau brisé, tient encore d'une main convulsive l'épée ; son autre main demeure happée par la cruche : qui a bu boira.

A côté, les goinfres. Auprès d'une gigantesque cheminée, l'un tourne à la broche devant le feu flambant ; deux sont suspendus dans l'âtre sous un énorme chaperon, comme le lard qui fume ; un troisième est à califourchon, tout saignant, sur le tranchant terrible d'un couteau qui sort du haut de ce chaperon ; un moine, accoudé sur un tonneau et armé d'une écumoire, est assis sous un entonnoir formant dais.

A droite, les avides, qui voulaient acquérir femmes et pays, marchent vers leur propre destruction ; les uns, accompagnés par le rat, le chien de guerre et le vautour, revêtus de cuirasses, armés de canons, les yeux ardents, tendent les mains vers la femme qu'ils doivent suivre jusqu'à l'abîme, pendant que d'autres sont écrasés par des machines de guerre et dévorés par des corbeaux.

Puis les baignades recommencent : les damnés sont attachés à la roue hérissée de dards d'un étrange moulin, en forme de bouteille, d'où ils retombent dans l'eau. Tout au fond fument et flambent les bâtiments et fourneaux de l'Enfer.

Cadre en bois sculpté.

Panneau. Haut., 75 cent.; larg., 1 mètre.

Signé, à droite en bas : JHERONIMUS BOSCH.

Collection de
S. A. R. l'Infant don Sébastien de Bourbon.
Exposition des Primitifs flamands,
à Bruges (1902), n° 288.

Reproduit dans la *Revue de l'Art ancien et moderne*, dans le livre de M. Hymans : *les Primitifs Flamands à l'Exposition de Bruges* (extrait de la *Gazette des Beaux-Arts*), et le livre du D' Martin, sur l'Exposition des Primitifs flamands.

Figure dans le catalogue Wauters, etc. «Cette œuvre de l'énigmatique Jheronimus Bosch est un trésor inestimable. » (Paul Lafond, conservateur du musée de Pau.)

BOSCH (Ecole de)

18. Le Châtiment du Jeu.

Les joueurs de dés, les joueurs de musique profane, sont en butte aux atteintes d'animaux fantastiques, dont l'imagination démoniaque invente des tortures inédites. Prodigieux assemblage de folie et de raison. Prodigieuse divagation de mysticisme passionnel.

Panneau. Haut., 35 cent.; larg., 26 cent.

BREUGHEL DE VELOURS

1568-1625

19. Le Moulin.

A droite, tirée par trois chevaux, une voiture pleine de voyageurs. Deux personnages, dont l'un a la figure à demi cachée par un grand manteau rouge, regardent avec effroi les cavaliers qui galopent autour d'eux. A un mendiant qui trotte derrière la voiture, une femme jette par la fenêtre une aumône.

A gauche, un grand moulin, dont le meunier dirige l'eau débordée dans un canal en bois. Devant le moulin, un homme, dans une voiture à un cheval, charge un sac de blé sur les épaules d'un autre personnage.

Au fond, un village avec des moulins et des arbres. Sur la route, passant, des voitures et des cavaliers.

Cadre ancien en bois sculpté.

Panneau. Haut., 23 cent.; larg., 18 cent.

BREUGHEL DE VELOURS

20. La Création de la Femme.

Les animaux surpris se pressent dans l'Eden autour de la femme qui vient d'être créée.

Panneau. Haut., 52 cent.; larg. 85 cent.

BREUGHEL DE VELOURS

21. Le Paradis terrestre.

Dans l'Eden, autour des figures d'Adam et d'Eve, les animaux : poissons, fauves, oiseaux, etc.

Panneau. Haut., 52 cent.; larg., 86 cent.

BROUWER (Adrien)

1606 ? -1638

22. L'Arracheur de dents.

Vers la gauche, assis devant l'opérateur, le patient, les bras écartés dans un geste de défense, hurle, tandis qu'une main implacable lui arrache une dent. Plus à gauche, la femme du patient marque sa compassion, les mains jointes. Au fond, à droite, par l'huis ouvert, on voit arriver un infirme appuyé sur des béquilles. Sur des meubles, à gauche et au milieu, des fioles. Sur le sol, près du patient, son bâton et sa toque bleue. A droite, un plat à barbe en cuivre et une serviette. Contre le mur, au-dessus d'un râtelier, quatre paires de ciseaux.

Panneau. Haut., 33 cent.; larg., 43 cent.

Collection Papin. — Collection Kums.

DAVID (Gérard)

1450-1523

23. Pietà.

La Vierge, la tête prise sous une coiffe blanche, presse contre sa joue la tête de son fils mort. Le front du Crucifié est marqué de gouttes de sang. Ses paupières sont closes à demi ; sa bouche est ouverte encore du dernier souffle envolé. Et la Vierge silencieuse, les joues creusées en sillons par les larmes, réchauffe contre elle ce corps froid qui emporte toute sa tendresse. Les deux têtes se dessinent sur un fond de ciel d'azur, où s'allume l'aurore des temps nouveaux.

Panneau. Haut., 21 cent.; larg., 18 cent.

Collection de
S. A. R. l'Infant don Sébastien de Bourbon.
Exposé à l'Exposition des Primitifs flamands,
à Bruges, n° 218.

Reproduit en héliogravure en tête du livre du Dr Martin, directeur du musée de La Haye, sur les Primitifs flamands à l'Exposition de Bruges (Amsterdam, 1903. Elzeviers Maandschrift).

On y lit : « Comme un connaisseur allemand l'a démontré, il y a aussi de Gérard David ce petit tableau si touchant dont nous donnons ici en grandeur naturelle une héliogravure hors texte : *la Sainte Vierge embrassant le Christ mort.* Au premier moment, on croit y voir un fragment d'un grand panneau, mais la peinture qui n'atteint pas le bord prouve que nous avons affaire à un panneau entier. Un chef-d'œuvre et, en outre, d'une conservation tout à fait extraordinaire. »

FYT (Jean)

1611-1651

24. Chien et Gibier.

Près d'une carnassière et d'un filet roulé sur des baguettes, un chien de chasse semble veiller attentivement sur des perdrix exposées au premier plan. Des branches de ronces forment avec un fond de paysage un cadre de nature.

Toile. Haut., 70 cent.; larg., 87 cent.

FYT

25. Chien et Gibier.

Nature morte : le chien ici est sur la droite; pendant du précédent.

Toile. Haut., 70 cent.: larg., 87 cent.

Collection Salamanca.

MEMLING (Hans)

† 1495

26. Apparition de la Vierge à saint Ildefonse.

Voici la description qui était donnée de cette
œuvre, dans le catalogue de l'Exposition des Primitifs flamands de Bruges :

« La scène se passe à l'intérieur d'une église. La
Sainte Vierge est assise sur un trône à haut dossier, avec un drap d'honneur en brocart d'or, placé
sous un baldaquin circulaire suspendu de la voûte.
Elle est vêtue d'une robe bleue, bordée au poignet
et à l'échancrure sur la poitrine d'un galon d'or
garni de perles et de pierres fines, laissant apercevoir un corsage violet et une chemisette en toile
fine. Son manteau de drap rouge est maintenu par
un cordon attaché à deux joyaux. Devant elle on
voit le saint à genoux, les mains jointes, en prière ;
il porte une aube et une étole croisée sur la poitrine.
La Vierge, aidée par un ange en dalmatique rouge
qui se trouve derrière le saint, lui passe une chasuble
par la tête : au côté droit du trône, un autre ange en
aube blanche tient une mitre précieuse, et un troisième en aube bleue, une crosse ornée d'une figure
de la Sainte Vierge avec l'Enfant Jésus sur un crois-
sant. Au-dessus d'une des arcades, au fond, on voit
un écusson d'azur à la barre tiercée de gueules, d'or
et de sinople, engoulée de deux têtes de monstres
et accompagnée de dix étoiles de même, à la bor-
dure d'argent, chargé en chef de trois châteaux d'or.
Dans une des fenêtres de la claire-voie se trouve

un écusson chargé des armoiries octroyées à Albert Dürer et aux maîtres peintres par l'empereur Maximilien. »

Cadre ancien en bois sculpté.

Panneau. Haut., 1 m. 78.; larg., 90 cent.

Exposition des Primitifs flamands, à Bruges (1902)
Collection de l'Infant don Sébastien de Bourbon
Collection de l'Infante dona Christian de Bourbon
Collection du Marquis de Remisa
Collection Ferdinand Boudewyll

Selon la légende, saint Ildefonse, évêque de Tolède, défenseur de l'Immaculée Conception, reçut de la Sainte Vierge une chasuble faite au ciel. Dans la cathédrale, où on peut encore voir cet habit sacerdotal, une pierre porte l'inscription : *La Reine du ciel, touchant la terre avec ses pieds, les a posés sur cette pierre.*

Voici comment nous justifions l'attribution de ce tableau à Memling.

Il est très possible que l'écusson octroyé dans la suite à Dürer par Maximilien, le même Maximilien l'ait antérieurement conféré à Memling en personne, qui avait été, comme on sait, le peintre officiel de Charles le Téméraire, beau-père et prédécesseur de Maximilien dans les Flandres.

A. J. Wauters a écrit d'autre part : « *Memling travailla à la cour de Bourgogne.* Sur la demande de Charles le Téméraire, il exécuta un oratoire portatif sur lequel il peignit le portrait du duc.

« A lui vont toutes les commandes, celles de la cour et des autorités communales, etc. »

De plus, la composition de ce tableau se trouve en germe chez les deux grands maîtres de Memling : Stephan Lochner (Cologne, n° 408) et Roger van der Weyden (Beaune), et chez Memling lui-même, dans le volet gauche du tableau de Dantzig. (Même idée, même scène, même groupement.) On remarquera que l'introduction des anges est contraire à la légende et une invention de l'artiste. En trente-deux panneaux parmi les cinquante qu'il a faits, Memling a introduit des anges.

« Il nous les montre, dit Wauters, d'un type unique, créé par lui. Ils ont de jolies têtes d'enfants, avec de longs cheveux ondulés, séparés sur le front; ils portent pour vêtements, tantôt de simples aubes blanches, tantôt de riches habits sacerdotaux ramagés d'or, généralement rouges, fendus sur le côté et tombant tout droit. » La chasuble de saint Ildefonse, jusqu'au motif si singulier du fruit du pin, avec les feuilles autour et dessus, se retrouve dans le tableau de Vienne, dans le *Mariage mystique*, etc. (Mêmes analogies pour le costume de la Madone.)

Les types, en outre, sont les types familiers de Memling. La forme ronde de la tête, qui domine et qui est plus accentuée que dans les autres Flamands, s'explique par l'origine allemande de Memling : *Les deux anges de gauche, ici, correspondent très précisément à l'ange et à la sainte Catherine du volet de Lubeck; le type de saint Ildefonse, ici, à celui de l'évêque dans le volet gauche de Dantzig.* Le type de la Madone se rencontre encore dans le *Mariage mystique,* etc.

Détail intéressant : les ailes de paon de l'ange de gauche de notre tableau se retrouvent dans la composition de Dantzig (volet de droite) et sont tout à fait spéciales à Memling.

Voici les renseignements que donne, à ce propos, Mme la duchesse de Durcal :

« Le tableau que j'ai vu chez vous, monsieur Pacully, représentant saint Ildefonse vêtu de la chasuble céleste par la Sainte Vierge et trois anges, a fait, en effet, partie de la collection de S. A. R. l'Infant don Sébastien de Bourbon, mon père. J'ai admiré ce tableau, qui était apprécié par tous les connaisseurs comme un des plus beaux spécimens de Memling, très, très souvent, et je m'en souviendrai toujours, comme un des trésors les plus précieux dans la célèbre galerie de mon père. »

Étant donné que le sujet, ainsi que le second écusson (celui du donateur), sont espagnols et que Memling a peint d'autres peintures connues pour l'Espagne, — (V. Wauters : « Ce fut pour la Castille qu'il peignit la grande composition représentant le Christ et les anges ») — nous sommes tentés de croire que ce tableau a été exécuté pour la cathédrale de Tolède, sur la commande d'un gentilhomme castillan ou d'un Brugeois, originaire de la Castille.

NEEFS (Pieter)

1578-1656

27. Intérieur de Cathédrale.

Le porche, qui occupe les premiers plans, s'ouvre, laissant apercevoir la nef baignée de lumière. Au fond, le chœur est séparé de la nef centrale par un jubé. De chaque côté, on aperçoit les chapelles ouvrant sur les nefs latérales. Des personnages prient ou marchent sous les arcades.

Panneau. Haut., 25 cent; larg., 29 cent.

Collection de S. A. R. l'Infant don Sébastien de Bourbon.

RUBENS (Pierre-Paul)

1577-1640

28. Thétis plongeant Achille dans le Styx.

Entre des cariatides qui supportent un portique, on aperçoit, au fond, le fleuve funèbre et la barque du nocher infernal, qu'appelent, les bras suppliants, une longue foule de passagers.

Au premier plan, Cerbère est couché, l'une de ses trois têtes sommeillant, la seconde l'œil ouvert, la troisième montrant des crocs acérés. Au milieu, Thétis, de profil à gauche, le torse nu, penché en avant, plonge dans l'eau l'enfant nu qu'elle tient de la main gauche par le pied gauche, tandis que, de la main droite, elle retient la draperie rouge de son vêtement. Derrière elle, portant une torche en sa main gauche, la Parque assiste à l'immersion, et sa main droite dessine au-dessus de l'enfant un geste de caresse et de protection. Au fond, vers la gauche, des lueurs d'incendie. Dans le haut, des oiseaux de nuit.

Cadre en bois sculpté.

Panneau. Haut., 1 m. 08; larg., 88 cent.

Collection du duc de Pastrana.
Choisi par l'Académie Royale de Londres pour y être exposé.

C'est peu de temps avant sa mort — avant 1640 — que Rubens a composé une suite de la *Vie d'Achille*, destinée à être reproduite en tapisseries. Dans l'inventaire des objets mobiliers laissés à son décès par Rubens, on retrouve cette suite de tapisseries encore inachevées. Ces cartons, qui furent une des dernières œuvres de Rubens ont été faits pour Philippe IV (v. d'Angerville, *Histoire des peintres*, 1745). Ils furent gravés par un concitoyen, presque contemporain de Rubens, ainsi qu'en font foi les gravures portant la signature : *Rubens pinxit, Franz Ertinger, fecit a° 1679 in Antwerp.*

Ces peintures ont été faites d'après des vers de Virgile (*Enéide*, I. v. 291 et 417-418). Voici, quant à leur histoire et leur état-civil, ce qu'en dit M. Paul Lafond, dans l'étude qu'il y a consacrée (*Beaux-Arts*, 1902) :

« Les peintures originales du maître ont fait de temps immémorial partie, à Madrid, de la célèbre galerie des ducs de l'Infantado, auxquels elles avaient été données par Philippe IV ou un de ses successeurs. Lorsque le dernier duc de l'Infantado fut mort, elles passèrent par héritage aux ducs d'Ossuna et de Pastrana.

« De ces cartons, deux, provenant de la collection d'Ossuna, ont figuré à la vente Salamanca, faite à l'hôtel Drouot, les 25 et 26 janvier 1875; un troisième, ayant appartenu à la galerie Pastrana, a été acquis par M. Pacully. Enfin, un quatrième et un cinquième font partie du musée de Pau, auquel ils avaient été donnés par la duchesse de Pastrana, en souvenir du duc son mari, mort dans la capitale du Béarn, où pendant vingt-cinq ans il vint passer l'hiver.

« Les tableaux de la vente Salamanca étaient *la Colère d'Achille* et *la Mort d'Achille;* les deux cartons du musée de Pau représentent *Thétis demandant à Vulcain des armes pour Achille* et *Hector né par Achille*, le panneau qui fait partie de cette collection est le premier de la série.

« Une remarque à faire, qui n'est pas sans importance, c'est que dans toutes ces compositions, les personnages représentés sont inversés, afin de faciliter la tâche au tapissier obligé de tisser à l'envers sur son métier ce qui doit être vu à l'endroit, si bien que les différents acteurs de ces scènes accomplissent de la main gauche tous les actes qu'ils exécutent ordinairement avec la main droite.

« Les tableaux sont peints avec la verve, la robustesse et la fraîcheur de coloris habituelles au chef de l'école d'Anvers. »

Voici ce que M. Max Rooses, après examen du tableau, a écrit à son égard :

« Ce tableau représente Thétis baignant son fils dans le Styx. Rubens commença par en faire les esquisses. Deux collections de celles-ci, une de sept et l'autre de huit pièces, sont mentionnées, mais je n'ai vu ni l'une ni l'autre. D'après ces esquisses furent exécutées des peintures de demi-grandeur nature, et, enfin, d'après ces dernières, on exécuta des modèles plus grands pour les tisserands.

« Les peintures de demi-grandeur nature appartenaient, au siècle dernier, au duc de l'Infantado, et, plus tard, au duc de Pastrana, à Madrid. Dans la seconde moitié du siècle dernier, la collection fut morcelée; deux morceaux furent donnés en cadeau au musée de Pau. Deux autres avaient été vendus antérieurement dans la vente Salamanca (Paris, 1875); à la série des quatre qui restaient appartenait le *Thétis et Achille* de la collection Pacully.

« L'immersion a lieu à la lumière d'une torche répandant sa lueur brune sur la scène. L'action est traitée avec soin; les figures de Thétis et de son enfant sont très belles; il a prêté à Cerbère les têtes des deux chiens noirs tachetés de blanc, qu'il peignit dans le *Couronnement de Marie de Médicis*. Le tout est de sa main. »

RUBENS ET BREUGHEL
(dit de Velours)

29. La Récolte de la Mánne.

L'œuvre se compose de deux parties : le cadre, qui est de Breughel, et le médaillon, sous lequel on aperçoit encore la forme rectangulaire de l'œuvre de Rubens. L'encadrement de Breughel représente, autour d'un médaillon aux sculptures de pierres avec des têtes d'amour, des guirlandes de fleurs et de fruits, retenues, aux angles supérieurs, par des anneaux et descendant harmonieusement le long du médaillon. La seconde partie nous montre Moïse, vu de profil à gauche, la main droite levée dans un geste d'action de grâce, la main gauche tenant une baguette. Il est vêtu d'une draperie rouge, laissant à découvert les manches d'une tunique blanche. Derrière lui, un grand'prêtre apparaît, de profil également, la tête levée, en extase. Au milieu, un homme nu s'est courbé pour soulever un sac que l'on vient d'emplir de manne. A gauche, une femme, vue de dos, portant un costume de satin vieil or, s'éloigne, dans un beau geste de canéphore, retenant de la main gauche, sur ses cheveux blonds, une corbeille pleine et menant par la main un petit enfant qui marche sur sa trace et se presse contre elle en un geste d'une tendresse infinie. Au fond, une autre femme, venant en sens inverse et vêtue de rouge, s'incline pour laisser un éphèbe prendre sur sa tête une corbeille également remplie. Près de l'éphèbe, une fillette tend sa robe bleue pour recevoir la manne échappée de la corbeille. Dans le ciel, de grands nuages de tempête et de lumière.

Cadre en bois sculpté.

Panneau. Haut., 70 cent. 1/2 ; larg., 54 cent.

Collection du duc de Pastrana.

Le dessin pour cette peinture, de forme carrée, présentant quelques variantes, surtout de pose, figure au musée du Louvre (non exposé), sous le n° 20240.

Cette peinture est elle-même l'esquisse très poussée d'un grand carton, qui se trouve actuellement chez le duc de Westminster, le premier de la série des *Triomphes de l'Eucharistie*, commandé par l'Infante Isabelle-Claire-Eugénie, pour le couvent des Clarisses, où les tapisseries se trouvent encore.

Cette *Récolte de la Manne* a dû être exécutée entre 1622 et 1624. L'on remarque, en effet, dans l'un des tableaux de Rubens, appartenant à cette suite, un portrait de l'Infante, revêtue de l'habit de l'ordre de Sainte-Claire, habit qu'elle prit après la mort de son mari 1621.

D'autre part, c'est vers cette époque qu'elle accorda à Rubens un salaire mensuel 1623, le titre de chambellan 1624, et qu'elle devint la maraine d'un des enfants de Breughel 1623.

Or, dans un manuscrit intitulé : *Présents faits par l'Infante* (collection Chifflé, bibliothèque de Besançon), nous trouvons la note suivante : « En janvier 1628 furent donnés à Pierre-Paul Rubens plusieurs perles à bon compte des patrons pour les cordelières de Madrid. »

Étant donné que les cadeaux furent souvent offerts un an et plus après le paiement effectif en espèces (comme il fut fait pour les plafonds de Whitehall), étant donné que l'année 1626, Rubens, ayant perdu sa femme, ne travailla point, mais fit, pour se distraire de son cruel chagrin, son grand voyage en Hollande; étant donné enfin que l'exécution des quinze immenses cartons dut exiger plusieurs années ceux de Whitehall lui avaient pris sept ans; une séries des Médicis, cinq, l'on peut raisonnablement conclure que les esquisses des cartons de *l'Eucharistie* devaient être commencées avant 1625, année où mourut subitement Breughel.

« Dans cette esquisse de Rubens — ou plutôt tableau à moitié poussé — la composition séduisante, ainsi que le coloris opulent, s'accordent admirablement avec la guirlande si coquettement peinte ». Max Rooses.

RUBENS (Pierre Paul)

3o. Bacchanale.

Voici la description qu'en donne Smith en son *Catalogue raisonné*, tome II, n° 916 : « Silène est représenté chancelant, entre deux nymphes dont l'une est en avant, la main sur la poitrine de l'ivrogne ; l'autre, dansant à ses côtés, le tient par le bras gauche et joue gaiement du tambourin, pendant qu'un satyre, le bras gauche autour de la ceinture de la bacchante, cherche à embrasser celle-ci. Deux autres satyres, dont l'un porte un cupidon sur les épaules, ferment le cortège qui est précédé par un troisième satyre tenant une nymphe dans ses bras. Du côté opposé se trouve une bacchante penchée en avant et allaitant deux petits satyres. »

Cadre ancien en bois sculpté.

Panneau. Haut., 48 cent.; larg., 67 cent.

Collection de lord Paul Methuen.
Collection Stein.

« C'est une excellente esquisse en grisaille, écrit encore Smith, probablement la première étude pour une large peinture de l'Ermitage.

« Dans cette composition, le satyre qui porte un cupidon et celui qui tient une nymphe dans ses bras, diffère seuls des personnages de la gravure de Panneels. »

Les deux gravures identiques de cette composition, offrant avec le tableau les petites variantes que Smith a signalées, portent deux inscriptions suivantes :

1° *Guil. Panels quond. discip. P. P. Rubeni fecit Argentorat. 1632.*

Et 2° *Guil. Panels fec. P. P. Rubens.: Inv. F. W. ex.*

Rosenberg, dans son ouvrage, *les Graveurs de Rubens* (1893), dit que Panneels travailla à peine deux ans dans l'atelier du maître et qu'il fit là furtivement les dessins dont il se serait servi plus tard pour ses gravures. Franz van Wyngarden, les éditant, ajoute que *l'invention* était de Rubens.

Cité et reproduit en gravure, à la tête du chapitre VII, dans l'ouvrage d'Émile Michel, membre de l'Institut, *Rubens, sa vie, son œuvre et son temps* (Paris, 1900).

RUBENS (Atelier de) et SNYDERS

31. Cérès entourée de Génies.

Dans une niche, dont le chapiteau est porté par deux colonnes de marbre, la statue de la déesse apparaît debout, retenant de sa main droite relevée et de sa main gauche posée sur la cuisse les plis de son voile. A gauche, un groupe de six génies ailés, enfants aux chairs dodues et roses, s'applique à enlever une guirlande de fruits et de légumes, dont ils vont décorer l'autel de Cérès.

Déjà, l'une des guirlandes est placée, suspendue à la base du fronton et relevée à la partie latérale de l'édicule pour retomber souple et opulente le long de la colonne de droite.

Au dessus des tympans du fronton, sur deux pierres en forme de table, on aperçoit deux lampes romaines à la flamme tremblante.

La figure de la déesse et l'édifice sont peints en grisaille, les génies ailés et les natures mortes sont d'un coloris éclatant.

Bois. Haut., 94 cent.; larg., 65 cent.

SNAYERS (Pieter)

1592-1667

32. Pillage d'un village.

Les chefs, aux vastes feutres empanachés, tiennent conseil ou dirigent l'attaque. Quelques malheureux, derrière un prêtre à genoux, demandent grâce à l'un des chefs qui frappe avec brutalité. Des chevaux et des vaches sont emmenés par les soudards dont l'un assène un coup de crosse à un paysan, pendant qu'un autre emporte le vieux coffre de famille.

Une femme s'accroche désespérément à un soldat prêt à tuer son mari renversé sous un banc.

Autour de l'église, dernier refuge déjà tout en flammes, la lutte se poursuit, acharnée ; les cadavres troués de coup de feu, lacérés de coups de piques, s'amoncellent, tandis que du ciel ensoleillé rayonne une clarté dorée sur ce sanglant désastre humain.

Paysage de Breughel.

Toile. Haut., 1 m. 12 ; larg., 1 m. 53.

STRAUCH (Lorentz)

1554-1630

33. Portrait d'une dame nurember-geoise.

C'est une Allemande blonde, aux yeux bleus, au teint frais, aux chairs roses. S'enlevant, claire, sur un fond gris uni, avec sa jupe rose, son corsage noir de moire et de velours, sa fraise et ses manches rigidement tuyautées, sa chaîne d'or et sa ceinture d'argent, ses mains jointes et chargées de bagues, elle porte sa toilette des grands jours, telle qu'en portaient les riches Nurembergeoises, à qui fut particulière la toque ronde d'où s'échappent les tresses pendantes.

Cadre ancien en bois sculpté.

Toile. Haut., 75 cent.; larg., 58 cent.

Signé du monogramme de l'artiste et daté : *1587.*

TENIERS (David le Jeune)

1610-1690 (?)

34. Le Départ de Jean d'Autriche.

Le *Bucentaure*, avec son velum de velours grenat et ses lanternes dorées. Jean d'Autriche, fils de Philippe IV, gouverneur des Pays-Bas, s'embarque à Barcelone sur le grand bâtiment.

La foule des personnages, indiquée en rose, en bleu et en gris, d'une extraordinaire délicatesse.

Au-devant de l'archiduc en armure, un personnage en manteau rouge se précipite légèrement incliné. Dans le ciel, des nuages de feu d'un soleil qui se couche.

L'encadrement est formé d'amour ailés jouant avec des poissons et des coquillages. Les flots sont gris, le ciel bleu, largement marqué de nuages lumineux, les voiles parfois rosées. A l'horizon, des côtes que dominent des collines. Au centre de la frise de l'encadrement, se trouve encastrée une médaille d'or de la Vierge, qui indique que cette guerre fut faite contre les Turcs au nom du Christianisme.

Cadre en bois sculpté.

Toile. Haut., 69 cent.; larg., 83 cent.

Signé : D. TENIERS

Collection du duc de Pastrana.

TENIERS (David le Jeune)

35. Rencontre avec la flotte turque.

C'est le moment où les deux flottes sont aux prises et la victoire se décide pour la flotte chrétienne.

Encadrement amours et attributs maritimes, oiseaux aquatiques, poissons, coquillages, etc.

Toile. Haut., 69 cent.; larg,, 83 cent.

Signé : D. TENIERS

Collection du duc de Pastrana.

TENIERS (David le Jeune)

36. L'Arrivée de Jean d'Autriche.

Don Juan d'Autriche rentre triomphalement avec les chefs de l'expédition.

Encadrement d'attributions maritimes dans le même esprit.

Signé: D. TENIERS

Collection du duc de Pastrana.

Tableaux faits pour tapisseries. L'identité de don Juan d'Autriche, fils de Philippe IV, a été constatée, entres autres, par M. Hymans, directeur du Cabinet royal des Estampes, à Bruxelles.

D. Teniers était d'ailleurs, comme on sait, « pintor da camara de don Juan de Austria » (v. la dédicace du *Teatro de pinturas*, par Teniers à Léopold et don Juan d'Autriche, où se trouvent, dessinés par lui, des anges tout pareils aux nôtres).

« Les trois peintures de David Teniers le jeune (nos 34, 35 et 36), exécutées pour servir de modèles à cartons de tapisseries, représentent sans doute dans l'œuvre du maitre des compositions uniques dans leur genre. Elles représentent le départ de don Juan d'Autriche, bâtard de Philippe IV, que l'archiduc Louis-Guillaume vint remplacer comme gouverneur de nos contrées en 1756, sa traversée et le débarquement sur nos rives. Les marines sont de la main de Teniers, de même que les encadrements, composés d'attributs marins, de poissons et d'autres produits de la mer, portés par de petits génies, véritables enfants de Teniers ; le tout enlevé avec l'habileté de main et la crânerie de notre fécond artiste. » (Max Rooses.)

TENIERS (David le Jeune)

37. Devant le cabaret.

De gais compères sont réunis autour d'une table, devant un cabaret de village, d'où l'un sort pendant qu'un autre y rentre. Un aimable horizon de campagne s'étend au-delà, avec des cygnes et des canards dans l'eau, et des bestiaux pâturant.

Signé à droite, en bas: D. T.

Collection du duc d'Ossuna.

Une œuvre vraiment intéressante de notre grand maître flamand (Max Rooses).

TENIERS (Abraham)

1629-1670

38. Intérieur de cabaret.

Dans un cabaret, vivement éclairé par une petite fenêtre, dont le volet est ouvert à gauche. Près de l'âtre, où flambe le bois sec, les buveurs entourent un escabeau qui porte le petit réchaud à cendre et une feuille de papier. L'un des hommes, vu de profil à droite, assis, allume sa pipe de terre avec une expression de satisfaction marquée. Il est vêtu d'une culotte vert clair, d'un habit havane ; il est chaussé de bas bleus et de souliers jaunes, et coiffé sur ses cheveux blonds d'une toque bleue à plumes. Vers la droite, debout, un pichet à la main, un autre personnage se tient debout et de dos, vêtu de bleu et de gris et coiffé de rouge. Au fond, près du fumeur, un autre personnage, coiffé d'un feutre noir, est assis, sa bonne face toute éclairée de grosse gaieté. Dans le fond, le dos tourné, les jambes légèrement écartées, un quatrième personnage... se recueille près du mur. Près de la chaise du fumeur, une cruche est posée à terre. A droite, au premier plan, près du montant de l'âtre, on aperçoit, sur un tonneau, une cruche de grès et un verre de bière.

Panneau. Haut., 32 cent.; larg., 22 cent.

Signé à gauche, en bas : D. TENIERS

Collection du duc d'Ossuna.

La signature nette seulement pour le nom de Teniers, endommagée ou disparue pour le reste, ne permet pas de conclure avec une absolue certitude. Cependant, il paraîtrait très vraisemblable que le fond soit d'Abraham, les personnages de David Teniers, comme c'est le cas dans les deux tableaux signés *A. Teniers*, qui figurent au musée de Madrid (n°s 1716 et 1717. *Catalogue* de don Pedro de Madrazo, p. 296).

ÉCOLE HOLLANDAISE

HONTHORST (Gérard van)

1590-1656

39. Le Roi de la fève.

C'est la fin du repas. La gaieté confine un peu à
la folie. Le roi de la fève, à droite, la figure béate,
lève son verre, tandis que, à gauche, des personnages masqués lui chantent un chœur triomphal en
s'accompagnant, en guise d'instruments de musique,
des heurts d'une cuiller à pot sur un gril et d'une
pincette sur un soufflet. Derrière le roi de la fève,
un des convives lève une chandelle en guise de
torche et tient dans son bras un sceptre de fou.
Près du roi, assise à table, une femme et un homme
chantent avec conviction. Au premier plan, un
personnage, vu de dos, est assis et tourne la tête du
côté des instrumentistes. A droite, s'appuyant
contre la jambe du roi, un enfant paraît apeuré par
ces clameurs. Sur la table, des fruits, des gauffres,
des olives, des verres, etc. Sous la table, au milieu,
une bassine de cuivre et une cruche de grès à
couvercle de métal.

Toile. Haut., 1 m. 97; larg., 2 m. 43.

Signé à droite, en bas.

GOYEN (Van)

40. Bords de la Meuse. effet du soir.

Au premier plan, à gauche, une barque chargée de personnages se dirige vers la rive de droite où sont amarrés quelques voiliers. Un grand moulin se silhouette sur le ciel nuageux.

Le fleuve se perd dans le fond et est sillonné de nombreuses barques.

Bois. Haut., 44 cent.; larg., 63 cent.

REMBRANDT VAN RYN

1608-1669

41. Portrait de Rembrandt jeune.

Il est vu jusqu'à la poitrine. Il est coiffé d'une toque de velours noir, qui projette sur le front une ombre épaisse encore que transparente. La lumière frappe pleinement la joue, le nez puissant, la bouche ouverte, qui laisse apparaître des dents inégales et les cheveux châtain clair. La poitrine et les épaules sont protégées par un gorgerin d'acier bruni. Par-dessus, une sorte d'écharpe est nouée autour du cou. Il semble en train de chanter sans effort quelque vieux lied d'étudiant.

Cadre ancien en bois sculpté.

Panneau. Haut., 44 cent.; larg., 39 cent.

Ce tableau a été gravé par Bernard. Voici l'inscription qui se trouve sur la gravure :

« Tête de caractère, gravé par Bernard, à Vienne, en 1797, d'après le tableau original de Rembrandt van Ryn, qui est dans le cabinet de S. E. M. de Saint-Sapherin, envoyé extraordinaire. »

Le roi de Hollande a fait cadeau de ce tableau à l'ambassadeur cité, ancêtre du baron de Léry, duquel il provient.

M. Bode, désireux de le voir figurer dans son supplément, l'appelle « une étude bien intéressante de la jeunesse de Rembrandt d'après sa propre tête ».

« Il convient d'admirer le *Rembrandt* de la collection Pacully, le portrait du grand maître, à l'âge d'un peu plus de vingt ans.

« Le coup de lumière éclatant qui lui tombe sur la joue, la délicate exécution des parties vaporeuses, prêtent une vie intense à la figure et une grande noblesse au tableau. » (Max Rooses.)

RUYSDAEL (Jacques)

1636-1681

42. La Cascade.

Au premier plan, l'eau du fleuve se précipite en cascade, brodant d'écume les roches contre lesquelles elle se heurte. Sur chaque rive du fleuve, des chênes, aux frondaisons déjà rouillées par l'automne, se dressent sous le ciel orageux. Parmi les nuages, on aperçoit un grand vol d'oiseaux. Au fond, un château domine une hauteur, dont le flanc est marqué par un sentier qui serpente. Au milieu, regardant couler le fleuve, deux petits personnages, un homme et une femme, debout, sont arrêtés.

A gauche, au premier plan, parmi les roches, un tronc d'arbre est brisé et des rameaux tordus sont battus par le flot.

Cadre ancien en bois sculpté.

Toile. Haut., 52 cent.; larg., 65 cent.

Signé vers le bas, à gauche, sur une roche : RUYSDAEL.

« C'est un superbe tableau que cette *Cascade* de Ruysdael de la collection Pacully. Entre cette radieuse lumière et cette eau effervescente, les rochers et les arbres dressent leur décor brun et vert, et concourent à composer un des plus merveilleux spectacle de la nature que l'on puisse rêver. » (Max Rooses.)

WEENIX (Jean)

1644-1719

43. Le Droit du plus fort.

Au-devant d'un bas-relief antique, un vautour et un coq mort.

Toile. Haut., 1 m. 19; larg., 1 m. 01.

Collection Potemkin.

WYNANTS (Jean)

1600-1677

et VELDE (Adriaen van de)

1635-1672

44. Le Chemin tournant.

A droite, une route tourne autour d'une colline sablonneuse, couverte de quelques arbres et de broussailles. Un homme et une femme y passent, l'homme avec deux seaux qu'un arc soutient sur son épaule.

Au milieu, en bas, un berger est assis, non loin d'un tronc d'arbre abattu. Plus loin, des vaches et des brebis broutent çà et là.

Au fond, des collines se perdent dans des lointains bleuâtres.

Cadre en bois sculpté.

Panneau. Haut., 18 cent. 1 2; larg., 24 cent.

ÉCOLE ALLEMANDE

Nous ne rencontrerons ici qu'un tableau de l'école allemande. L'auteur du triptyque, Michael Pacher, né à Bruneck (Tyrol), vécut de 1440 environ à 1498.

L'éminent historien de la peinture allemande, Janitschek (*Histoire de la peinture allemande*, p. 306), dit que « M. Pacher, à cause son de génie, doit être placé au même rang que les plus grands artistes allemands. Son chef-d'œuvre principal est à Saint-Wolfgang. Il n'y a pas beaucoup de peintures de l'époque dans lesquelles un style aussi grand et libre se soit joint à un sentiment aussi fort de la nature et à une expression aussi profonde. »

ÉCOLE ALLEMANDE

PACHER

1440(?)-1498

45. La Sainte Trinité.

Dans le volet du milieu, le Christ mort, soutenu
par Dieu le Père. Au fond, à droite, le Saint Esprit
sous la forme d'une colombe. Dans le volet de
gauche, saint Jean l'Evangéliste. A droite, saint
Antoine. Toutes les figures sont auréolées d'or et
se détachent sur un fond de tapisserie, sous des
arcatures de style ogival flamboyant.

Panneau. Haut., 1 m. 65; larg., 1 m. 50.

*Exposé à Innsbruck, à l'exposition de l'Art ancien
du Tyrol (1902), n° 241.*

Ce tableau a figuré à l'exposition d'Innsbruck, comme « une
œuvre extraordinaire » de Frédéric Pacher. (Catalogue fait par
M. le Pr-Dr Hans Semper, président du comité.)
« Selon ma persuasion, écrit-il, l'œuvre est de Frédéric
Pacher, qui fut plus rudimentaire que Michael; ses mains char-
nues, ses index à la poteau, ses raccourcissements recherchés
avec raffinement, ne se méconnaissent pas. »
M. le Dr Friedlaender, conservateur du musée de Berlin,
écrit à ce propos :
« Votre retable montre, en effet, des parentés avec Frédéric

Pacher, de sorte que l'attribution du D᷉ Semper parait vraisemblable. Cependant, votre tableau est, selon moi, de beaucoup supérieur à celui signé par Frédéric Pacher et qui est au couvent de Freising. » Nous inclinons donc à y voir l'œuvre de son frère, Michael Pacher, dont les tableaux à Saint-Wolfgang offrent les plus grandes analogies.

M. le D᷉ Semper, il est vrai, attribue les huit tableaux de la *Vie du Christ* de Saint-Wolfgang, à Frédéric.

« Dans les huit tableaux de la *Vie du Christ* de Saint-Wolfgang, Frédéric Pacher ayant adouci certaines duretés, grâce à l'influence de son père, n'a point diminué l'audace mantegnesque dans l'anatomie et la perspective, ainsi que la force sauvage et démoniaque qui lui sont propres. » (Semper, *les Peintures de Freising*, Munich, 1896.)

Mais son attribution ne nous parait point prouvée, et nous considérons, d'accord avec la plupart des critiques, ces tableaux comme faisant partie de l'œuvre la plus importante de Michael Pacher. (V. Janitscheck, p. 308.)

Bode appelle le triptyque de Pacher une œuvre extrêmement intéressante, s'approchant de Crivelli.

ÉCOLE ANGLAISE

Bien qu'un seul portrait de Romney figure en cette collection, il serait injuste de ne pas attirer l'attention du public sur ce morceau délicieux. Nous n'entreprendrons pas, à ce propos, une étude approfondie de l'œuvre du peintre, cela nous entraînerait trop loin. Mais il faut s'arrêter à cette toile isolée pour en sentir, mieux peut-être à cause du contraste même qu'elle fait avec les œuvres avoisinantes, la singulière et pénétrante séduction.

Ce bohème, fils d'un ébéniste, toujours en voyage, qui vécut comme un oiseau, se maria un beau jour, s'en alla le lendemain, et revint trente-deux ans après auprès d'une femme qui l'adorait, dut avoir sans aucun doute une nature exquise. Il n'est guère vraisemblable que l'on ait été méchant lorsque l'on peint avec cette grâce. Romney, qui eut plus d'une fois l'ambition de faire «de grandes machines», qui en fit, d'ailleurs, et n'éprouva point les mésaventures que connut le pauvre Greuze, puisqu'il fut loué d'abord pour ses toiles historiques, Romney, dis-je, fut surtout heureux avec ses portraits de femmes. Devant les femmes, devant ses modèles, de quelque origine qu'ils fussent, il prenait conscience de lui-même. Non que le désir le poursuivît lorsqu'il travaillait. Tous les artistes vous diront que l'homme n'eût pas pu peindre, s'il en avait été ainsi. Mais toujours il gardait l'agréable souvenir et comme le subtil pressentiment de la volupté. Il colorait les lèvres comme des roses doubles, dont le parfum l'eût enveloppé. Il partageait l'avis de ce sage qui déclarait « la terre des vivants un bien agréable séjour », et la vie lui plaisait, légère ou mélancolique. Il l'a dit dans ses pages tour à tour spirituelles et délicates, et c'est une rare bonne fortune que de rencontrer comme dans la collection de M. Pacully, une confidence aussi charmante de ce sentimental, de ce sensuel, de ce rêveur.

L. ROGER-MILÈS.

ÉCOLE ANGLAISE

ROMNEY (George)

1734-1802

46. Portrait de femme.

Dans un parc, elle est assise de trois quarts à gauche, vêtue d'une robe blanche au corsage décolleté. Les manches courtes découvrent les bras qui posent naturellement, le bras gauche sur la hanche et la cuisse, le bras droit sur une console de pierre.

Les cheveux châtains, tombant en tresses ondulées et légères sur les épaules, sont en partie cachés, au sommet de la tête, par un turban blanc dans lequel est piquée une plume bleue. Le visage offre une curieuse expression. Les yeux sont noirs, sous des sourcils noirs. Le nez est fort, avec une narine palpitante, la bouche aux lèvres sensuelles, dont la commissure se relève souriante, le menton fin et d'une ligne essentiellement pure, le teint rose le cou dégagé et long sans excès.

Toile. Haut., 1 mètre; larg., 73 cent.

ÉCOLE ESPAGNOLE

La collection formée par M. E. Pacully ne comprend qu'un très petit nombre d'ouvrages appartenant à l'École espagnole, mais ces ouvrages reflètent au plus haut point le génie des artistes.

Le tableau de Pedro de Cordoba, représentant le Christ qui donne sa bénédiction au groupe prosterné des Saintes Femmes, est un rare et précieux spécimen de l'art primitif espagnol; c'est en même temps le plus ancien signé et daté qu'on connaisse. Il est exécuté sur cuir, comme les peintures de l'Alhambra, qui datent approximativement de la même époque, et porte en beaux caractères gothiques la signature de Pedro de Cordoba, avec la date de 1475, la même qui se lit sur le tableau votif, conservé à la cathédrale de Cordoue et qui représente l'*Annonciation*.

L'un et l'autre ouvrage sont empreints d'un même et profond sentiment religieux et reflètent puissamment le style, le coloris et le mode de composer que Pedro de Cordoba rapporta d'Italie, où il étudia les œuvres des peintres du quattrocento, siennois, ombriens et florentins.

Le *Portrait de l'Infante Isabelle-Claire-Eugénie, fille de Philippe II*, par Bartolomeo Gonzalez, est une œuvre exquise.

Sanchez Coëllo, Felipe de Liano et Bartolomeo Gonzalez ont tour à tour eu pour modèle cette gracieuse princesse que Rubens devait peindre dans son âge mûr. Le musée du Prado conserve plusieurs portraits de l'Infante. Mais aucun n'est plus vivant et plus délicatement peint que celui dont nous nous occupons et qui est l'un des meilleurs, à notre avis, qu'ait exécutés Bartolomeo Gonzalez, peintre en titre d'office du roi Philippe III, et dont les ouvrages n'ont pas été sans influence sur Velasquez.

Ce portrait a fait partie de la célèbre galerie de l'Infant don Sébastien de Bourbon.

Saint André martyr, par Jose de Ribera, est une œuvre se rapprochant de Rembrandt par sa vigueur et de Velasquez par sa touche. Le saint est représenté debout, en buste prolongé, tout le côté droit du corps nu, ainsi que le bras, étendu sur la poitrine, la main montrant la blessure que lui ont faite ses bourreaux. Une draperie d. couleur sombre recouvre l'autre épaule et le bas du corps. La main gauche, levée vers le ciel, tient le couteau, instrument de son martyre.

Ribera a empreint le visage du saint d'une expression de résignation et d'abnégation absolues, aussi bien que d'un sentiment de foi ardent, passionné, profondément chrétien.

C'est bien là le martyr, mourant pour sa croyance, et offrant son supplice et sa vie en holocauste à Dieu.

Ainsi que dans d'autres représentations du même ordre, le grand réaliste qu'est Ribera s'est complu, ici, à peindre un vieillard, aux traits ascétiques, aux formes émaciées et déjà caduques, et il en a comme buriné chaque ride, chaque signe de caducité, chaque stigmate de décrépitude. Au contraire, les yeux levés vers le ciel, resplendissant d'un feu sacré, nous tranportent vers les sphères de l'idéal et du surnaturel.

Cette belle peinture, d'une conservation parfaite, porte en toutes lettres l'inscription suivante : *Josepe de Ribera, espanol. f*, *1634*. Elle a été acquise à la vente de la galerie de l'Infant don Sébastien de Bourbon.

Dans le portrait en pied de *Don Manuel Garcia*

de la Prada, le génie de Francisco Goya se mani-
feste de la façon la plus éclatante.

Manuel Garcia de la Prada, ami de Goya, avait
exercé les fonctions de maire ou d'*alcade* de Madrid. Son portrait, traité par l'artiste avec toute sa
fougue et toute son originalité, le représente debout
la main droite caressant son chien. Son visage res-
pire la bonté et l'intelligence; ses traits sont forts
et beaux, et ses grands yeux jettent un vif éclat sur
cette digne et belle physionomie. C'est un type
parfait du *caballero* que Goya nous a transmis dans
ce superbe portrait, d'une tonalité blonde admirable
et d'une facture magistrale.

M. Pacully a acquis ce chef-d'œuvre de la famille
même du modèle; celle-ci conserve encore, nous
assure-t-on, les lettres que Goya échangea, à l'occasion de leurs relations, avec Garcia della Prada.

L'*Adoration des Mages* est une peinture anonyme
du commencement du XVIᵉ siècle.

Bien qu'exécutée en Espagne pour quelque couvent de la Vieille-Castille, l'*Adoration des Mages*
est l'œuvre de quelque peintre flamand — peut-être
même bas-rhénan — travaillant dans la Péninsule
dans les premières années du XVIᵉ siècle. Son exécution est entièrement flamande et atteste que l'é-
ducation du peintre s'est faite dans une école du
Nord; ses étoffes, en velours rouge, vert et bleu,
toutes enrichies de broderies d'or, de bijoux et de
perles, sont souples et d'un coloris splendide rappelant, par l'éclat des tons, les œuvres des grands
maîtres brugeois.

C'est à eux sans doute que le peintre a emprunté
son procédé, à savoir : de peindre d'abord en grisaille toutes les lumières et ombres, et de superpo-
ser après des couches de couleurs transparentes
pour obtenir en fin de compte les plus brillants et
les plus riches glacis.

PAUL LEFORT,
Inspecteur des Beaux-Arts.

ÉCOLE ESPAGNOLE

xvie siècle

ÉCOLE DE CASTILLE

47. L'Adoration des Mages.

La Vierge assise, à droite, est vêtue d'un manteau gris qui s'ouvre sur une robe vert foncé au col
bordé d'une broderie, et tient sur ses genoux l'Enfant Jésus, derrière la tête duquel s'allume un rayonnement.

A la droite de la Vierge, debout, saint Joseph,
vêtu d'une robe gris-bleu et d'une chlamyde grenat.
Devant l'Enfant Jésus, un des Rois mages est agenouillé, les mains jointes, vêtu d'une tunique rouge,
les reins ceints du baudrier porte-épée brodé et enrichi de cabochons. Derrière celui-ci, l'autre mage,
debout et vêtu d'une chlamyde brodée d'or, tient
d'une main une sorte de chapel bleu à plume
blanche, et de l'autre main offre à saint Joseph une
custode d'orfèvrerie d'or, enrichie de pierres et de
perles. Enfin, vers la gauche, le troisième Roi mage
attend, debout, l'instant d'offrir un hostiaire d'orfèvrerie également enrichi de perles. Au fond, au-
dessus d'un paysage avec fleuve, château, campagne,
on aperçoit une Vierge et un Enfant Jésus dans une
étoile de lumière. A droite, un portique à colonnes
surmonté d'une construction de bois.

Panneau de forme cintrée. Haut., 1 m. 27; larg,, 1 m. 04.

CORDOVA (Pedro de)

xvᵉ siècle

48. Jésus bénissant les Saintes Femmes.

A gauche, le groupe des Saintes Femmes agenouillées. La Vierge, Marie-Madeleine, Marie-
Cléophas et Marie-Salomé. A droite, Jésus, Paul,
Judas, saint Jean, debout. Les figures se détachent
sur un fond gaufré. Au-dessus de chaque tête, une
auréole d'or porte les noms en relief. En bas, le
panneau est signé : *Pedro de Cordovo, pintor, 1475.*
Cadre ancien en bois sculpté.

Panneau de forme cintrée. Haut., 77 cent.; larg., 50 cent.

PEDRO DE CORDOVA, PITOR, ANO D M-CCCC-LXXV

Cette signature est la plus ancienne que l'on ait relevée parmi les tableaux espagnols.

GONZALEZ (Bartolomeo)

1564-1627

49. Portrait de l'Infante Isabelle-Claire-Eugénie, fille de Philippe II.

La belle princesse qui devint la femme de l'archiduc Albert et gouvernante des Pays-Bas, est représentée à l'âge d'environ vingt ans, presque en buste et vêtue d'un somptueux costume.

Sa robe de satin blanc est recouverte de broderies d'or ; un collier de pierres précieuses et un second collier formé de deux rangs de perles ornent son col et sa poitrine ; une haute collerette en point de Flandre entoure son joli visage aux traits doux et fins ; sa chevelure, d'un blond doré, est surmontée d'un toquet à la hongroise, décoré de grosses perles et d'un bouquet de plumes au milieu desquels brille un rubis, un saphir et une grosse perle.

Cadre en bois sculpté.

Haut., 64 cent. ; larg., 55 cent.

Collection de l'Infant Don Sébastien de Bourbon.

GOYA Y LUCIENTES (F.)

1748-1828

5o. Portrait en pied de Garcia della Prada alcade corregidor de Madrid.

Debout. la main appuyée au dossier d'une chaise sur laquelle est posé le chapeau. Il est vu de trois quarts à gauche. Il est vêtu d'un habit bleu à boutons de métal, d'une culotte beurre frais, de bas de soie blancs et d'escarpins noirs. Le cou est serré dans une cravate blanche et un col empesé. Les cheveux sont noirs. bouclés. De la main droite. il caresse une petite chienne carlin assise sur un meuble d'appui.

Cadre en bois sculpté.

Toile. Haut., 2 m. 12; larg., 1. m. 28.

Collection della Prada

Reproduit dans la *Revue de l'Art ancien et moderne*, et dans le livre de *Goya*, par Paul Lafond, conservateur au musée de Pau : cité p. 62, 69, 135.

M. Lafond, dans une lettre du 1er décembre 1901, dit que ce tableau est une merveille.

HERRERA LE VIEUX (François)

1576-1656

51. La Flagellation.

Gouache. Haut., 24 cent. ; larg., 18 cent.

MORO (École de)

52. Portrait d'homme.

De trois quarts à gauche, en pourpoint de velours noir, le cou pris dans une fraise à tuyauté souple; il est vu jusqu'à mi-corps, tenant de la main gauche un placet.

Panneau, Haut., 77 cent.; larg., 63 cent.

Collection de S. A. R. l'Infant Don Sébastien de Bourbon.

RIBERA (Joseph)

1588-1656

53. Saint André, martyr.

Debout, la lumière frappant vivement l'épaule droite et le torse, il porte la main près du cœur et s'appuie de la main droite levée au pommeau de l'épée. Il tourne vers la droite son regard extasié.

On y lit l'inscription: *Josepe de Riber a espanol f, 1634.*

Cadre ancien en bois sculpté.

Toile. Haut., 1 m. 30; larg., 1 m. 04.

Signé et daté: JOSEPE DE RIBER A ESPANOL F. 1634

Collection de l'Infant Don Sébastien de Bourbon.

ÉCOLE ITALIENNE

La collection Pacully a recueilli deux peintures des anciennes écoles d'Italie, une *Sacra Converzazione*, par Palma Vecchio, et un *Portrait du doge Andrea Gritti*, par Tintoretto.

Dans cette *Sacra Converzazione*, nous trouvons, dans la disposition et l'attitude des figures, dans le type de la Vierge et celui du saint, dans le fond de paysage lumineux, agrémenté d'édifices, où passent des paysans et des animaux, tous les caractères de ces conversations « sacrées » dans lesquelles excellait le contemporain et le rival de Giorgione et Titien.

C'est une pièce importante pour l'établissement définitif, et qui reste à faire, malgré nombre de travaux utiles et estimables publiés dans ces dernières années, du catalogue des ouvrages dus à ce grand artiste qui, comme Lorenzo Lotto et quelques autres, joua, dans la renaissance de la peinture vénitienne, un rôle capital et beaucoup plus considérable qu'on ne l'a cru pendant longtemps.

Le *Portrait du doge Andrea Gritti* est une peinture facile, légèrement touchée, dans une tonalité rosée et argentine, dans un style doux et délicat qui tient encore beaucoup de la manière des Bellini.

Tintoretto devait, beaucoup plus tard, reproduire les traits du doge Andrea Gritti, agenouillé devant la Vierge, dans une de ses grandes peintures décoratives du Palais Ducal (Sala del Collegio). Il s'y servit probablement du portrait fait d'après nature dans sa jeunesse.

GEORGES LAFENESTRE,

Membre de l'Institut
Professeur au Collège de France,
Conservateur en chef du Musée du Louvre.

ÉCOLE ITALIENNE

PALMA VECCHIO

1480-1548

54. Sainte Conversation.

A l'ombre d'un massif d'arbres, la Vierge est assise, vue de face, la tête légèrement inclinée vers l'épaule droite. Elle tient l'Enfant nu, debout, sur ses genoux. Près d'elle, à droite, saint Jean, debout, nu également, regarde attentivement la croix faite de brindelles que porte l'Enfant Jésus. Saint Jean est tenu par sainte Catherine, assise sur le sol. A gauche, saint Joseph, assis sur un pli de terrain et tenant de ses deux mains son bâton de voyageur. La Vierge a un costume rouge avec manteau bleu et voile blanc. Sainte Catherine est vêtue d'une robe vert foncé et son manteau brun est ramené sur ses genoux. Saint Joseph porte une robe bleu gris sous une cape marron passé. Derrière les figures, qui occupent le premier plan, on aperçoit un paysage profond tout éclairé de ciel bleu. A gauche, une ville. A droite, une campagne, au milieu de laquelle serpente une rivière et qui est peuplée de plusieurs figures. Au fond, une montagne.

Toile. Haut., 1 m. 12; larg., 1 m. 47.

PÉRUGIN (Piétro Vannucci, dit le)

1446-1524

55. La Nativité.

En haut, au milieu d'un cintre surbaissé, Dieu le Père, barbe grise et vêtu d'une tunique rouge et d'un manteau bleu foncé, apparaît dans une gloire de lumière. De chaque côté, deux chérubins.

Au-dessous, l'Adoration de l'Enfant.

A droite, la Madone, portant robe rouge, manteau bleu et nimbe d'or, est agenouillée, mains jointes. A côté, saint Joseph en tunique verdâtre et manteau safran. L'Enfant, la tête posée sur un coussin rouge, s'épanouit parmi des linges blancs. Trois jeunes bergers sont à genoux. Celui de gauche, en arrière, porte une tunique vert pâle et un manteau jaune clair; celui du milieu porte une tunique rougeâtre avec un sac brun attaché à la ceinture; celui de droite porte une tunique verte et un manteau jaune verdâtre. Plus à droite, le bœuf et l'âne.

Un paysage plein de lumière forme le fond. Les arbres en sont harmonieux, feuillagés d'or léger, sensibles, on dirait, à la moindre brise. Les lointains bleutés se perdent dans l'horizon. Et, dans le ciel, leurs pieds impondérables sur un nuage horizontal, trois anges éblouissants, glacés d'or, de rubis, d'émeraude.

Panneau. Haut., 41 cent.; larg., 31 cent.

Arc supérieur. Haut., 10 cent.; larg., 33 cent.

Collection Don Francesco Pacheco,
ambassadeur et président
de l'Académie espagnole, à Rome.

TINTORET (Giacomo dit le)

1512-1594

56. Portrait du doge Andrea Gritti.

Jusqu'à la poitrine, de trois quarts à gauche, vêtu du manteau blanc à flammes d'or et coiffé du bonnet à pointe, blanc également, brodé d'or. Barbe blanche, teint chaud. Derrière le personnage, un mur sombre, en partie caché par une draperie rouge. En haut, on lit ce nom : *Andrea Gritti Venetia...*

Toile. Haut., 61 cent.; larg., 47 cent.

Collection Salamanca.

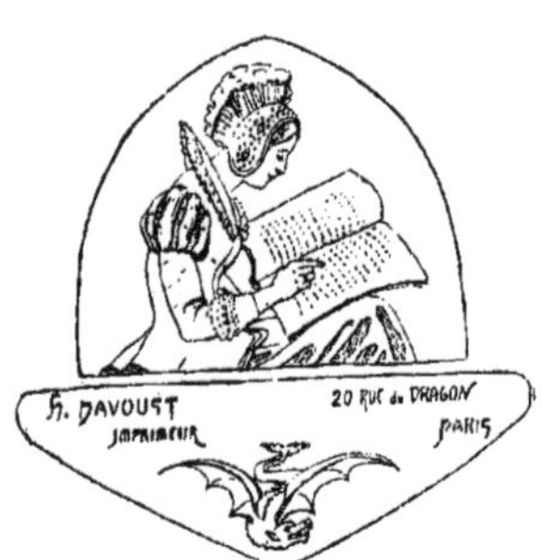

h. DAVOUST
IMPRIMEUR
20 RUE du DRAGON
PARIS

RÉSUMÉ DU CATALOGUE

École Française

1 — ARNULPHY (CLAUDE). Portrait du marquis de Ripert-Monclar, procureur général au Parlement de Provence (1711-1773).

2 — COURBET (GUSTAVE). La Bacchante.

3 — LE MAITRE DES « DEMI-FIGURES ». La Lettre d'amour.

4 — EISEN (FRANÇOIS). Ronde d'enfants.

5 — FRAGONARD (JEAN-HONORÉ). Le Philosophe.

6 — GRAMMONT. Zémir et Azor (scène du tableau magique).

7 — GREUZE (J.-B.). Message d'amour.

8 — LARGILLIÈRE (NICOLAS DE). Portrait de Mansard.

9 — LARGILLIÈRE (NICOLAS DE). Portrait de J. Le Maistre de la Chaussée, seigneur de Villejean, conseiller du Roy Louis XIV.

10 — LEDOUX (JEANNE-PHILIBERTE). Portrait de jeune fille.

11 — PILLEMENT (VICTOR). Le Berger.

12 — RIGAUD (HYACINTHE). Portrait présumé de J.-B. Boyer, seigneur d'Aguilles de Sainte-Foy, Argens et Faradel, conseiller au Parlement de Provence.

13 — RIGAUD (HYACINTHE). Portrait d'homme.

14 — VERNET (J.). Le Naufrage.

15 — ÉCOLE FRANÇAISE. Portrait présumé de
    Mademoiselle de Blois, duchesse d'Orléans,
    fille légitimée de Louis XIV.

École Flamande

16 — ADRIAENSEN (ALEXANDER). Fruits.

17 — BOSCH (JHERONYMUS). Le Jugement der-
    nier.

18 — BOSCH (École de). Le Châtiment du jeu.

19 — BREUGHEL DE VELOURS. Le Moulin.

20 — BREUGHEL DE VELOURS. La création
    de la femme.

21 — BREUGHEL DE VELOURS. Le Paradis
    terrestre.

22 — BROUWER (ADRIEN). L'Arracheur de
    dents.

23 — DAVID (GÉRARD). Pietà.

24 — FYT (JEAN). Chien et gibier.

25 — FYT (JEAN). Chien et gibier.

26 — MEMLING (HANS). Apparition de la Vierge
    à saint Ildefonse.

27 — NEEFS (PIETER). Intérieur de Cathédrale.

28 — RUBENS (PIERRE-PAUL). Thétis plongeant
    Achille dans le Styx.

29 — RUBENS et BREUGHEL dit DE VE-
    LOURS. La Récolte de la Manne.

30 — RUBENS (PIERRE-PAUL). Bacchanale

31 — RUBENS (Atelier de) et SNYDERS. Cérès
    entourée de génies.

32 — SNAYERS (Pieter). Pillage d'un village.

33 — STRAUCH (Lorentz). Portrait d'une dame nurembergeoise.

34 — TENIERS (David le Jeune). Le Départ de Jean d'Autriche.

35 — TENIERS (David le Jeune). Rencontre avec la flotte turque.

36 — TENIERS (David le Jeune). L'Arrivée de Jean d'Autriche.

37 — TENIERS (David le Jeune). Devant le cabaret.

38 — TENIERS (Abraham). Intérieur de cabaret.

École Hollandaise

39 — HONTHORST (Gérard van). Le Roi de la fève.

40 — GOYEN (Van). Bords de la Meuse, effet du soir.

41 — REMBRANDT VAN RYN. Portrait de Rembrandt jeune.

42 — RUYSDAEL (Jacques). La Cascade.

43 — WEENIX (Jean). Le Droit du plus fort.

44 — WYNANTS (Jean) et VELDE (Adriaen van de). Le Chemin tournant.

École Allemande

45 — PACHER. La Sainte Trinité.

École Anglaise

46 — ROMNEY (George). Portrait de femme.

Ecole Espagnole

47 — ÉCOLE DE CASTILLE. L'Adoration des Mages.

48 — CORDOVA (Pedro de). Jésus bénissant les Saintes Femmes.

49 — GONZALEZ (Bartolomeo). Portrait de l'Infante Isabelle-Claire-Eugénie, fille de Philippe II.

50 — GOYA Y LUCIENTES (F.). Portrait en pied de Garcia della Prada, alcade corrégidor de Madrid.

51 — HERRERA LE VIEUX (François). La Flagellation.

52 — MORO (École de). Portrait d'homme.

53 — RIBERA (Joseph). Saint André, martyr.

Ecole Italienne

54 — PALMA VECCHIO. Sainte Conversation.

55 — PÉRUGIN (Piétro Vannucci, dit le). La Nativité.

56 — TINTORET (Giacomo dit le). Portrait du doge Andrea Gritti.